I0184594

DES FRÈRES

DES

ÉCOLES CHRÉTIENNES

A POITIERS

SES ORIGINES — SON HISTOIRE

PAR

Le Chanoine A. COLLON

Aumônier de l'Etablissement
Membre de la Société des Antiquaires de l'Ouest

POITIERS

SOCIÉTÉ FRANÇAISE D'IMPRIMERIE ET DE LIBRAIRIE

(ANCIENNE LIBRAIRIE LECÈNE, OUDIN ET Cie)

6 et 8, rue Henri-Oudin

1905

LE PENSIONNAT DES FRÈRES
DES ÉCOLES CHRÉTIENNES

Cour d'honneur et façade principale du Pensionnat.

Cliché THIOLIER.

LE
PENSIONNAT DES FRÈRES
DES
ÉCOLES CHRÉTIENNES
A POITIERS

SES ORIGINES — SON HISTOIRE

PAR

Le Chanoine A. COLLON

Aumônier de l'Etablissement
Membre de la Société des Antiquaires de l'Ouest

POITIERS
SOCIÉTÉ FRANÇAISE D'IMPRIMERIE ET DE LIBRAIRIE
(ANCIENNE LIBRAIRIE LECÈNE, OUDIN ET Cie)
6 et 8, rue Henri-Oudin
—
1905

AVANT-PROPOS

A vous tous, mes amis, chers élèves anciens ou actuels, je dédie ces modestes pages.

Vous redisant la fécondité de l'œuvre des chers Frères, elles devraient s'inspirer uniquement du ministère sacerdotal, auquel le Seigneur daigna me faire la grâce de me dévouer vingt ans au milieu de vous.

L'épreuve les marquera de sa dure empreinte. Dans quelques semaines, si Dieu ne vient à son secours, notre pensionnat de Poitiers aura vécu...

Comprenez bien cette réalité navrante.

A l'enseignement chrétien, secours de votre bas âge, force de votre adolescence, sauvegarde de votre jeunesse, honneur et règle de votre vie d'hommes, les Frères frappés d'ostracisme n'auront plus le droit de se consacrer !

Ah ! la catastrophe est bien complète, qui d'un seul coup jette à terre les œuvres séculaires et ruine jusqu'aux espérances mêmes !

Toutefois, l'heure n'est point des lamentations stériles, des récriminations violentes.

Mieux vaut d'abord mesurer résolument toute l'étendue

de nos désastres, puis s'armer d'un indomptable courage, et sans perdre plus de temps ni d'efforts se mettre, chacun dans sa sphère, à l'impérieux labeur des restaurations toujours possibles à qui sait les vouloir.

Cet opuscule ne sera donc point le mausolée qui, plus ou moins fastueux, s'élève sur une tombe à jamais close.

Plus noble, le but qu'il recherche : En revivant, à sa lecture, votre propre histoire, vous toucherez du doigt le vide profond que notre pensionnat laisse en croulant.

Et je vous connais assez mes amis, pour me flatter, — que dis-je ? — pour savoir, qu'avec cette conviction au cœur, vous ne vous reposerez jamais de l'action, tant qu'il ne nous sera pas rendu !

En attendant, Dieu nous aide et vivent les Frères !

Poitiers, le 9 juillet 1905.

LE PENSIONNAT DES FRÈRES
DES ÉCOLES CHRÉTIENNES

CHAPITRE PREMIER

ÉTABLISSEMENT DES FRÈRES A POITIERS.

Aux jours troublés qui marquèrent de ruines et de sang le déclin du xviiie siècle, l'Institut des Frères semblait devoir disparaître dans la tourmente. Ses membres dispersés, ses écoles détruites, son supérieur général proscrit, conduit bientôt à la tombe, plus par les malheurs de son ordre que par le fardeau de l'âge et les rigueurs de la prison, tout faisait présager une mort prochaine. Mais la Providence veillait (1).

Tandis qu'en vertu de l'autorité apostolique, l'héroïque Pie VI constituait, à Rome, un vicaire général de l'Institut,

---

(1) Tous ces détails sont tirés de la lettre circulaire adressée, en 1902, à toutes les maisons de l'Institut des Frères, par le très honoré Frère supérieur général, ordonnant la célébration du centenaire du rétablissement des Frères, en France, après la Révolution.

trois humbles survivants des jours d'autrefois se réunissaient à Lyon, et dès le 3 mai 1802, au lendemain du Concordat, reprenaient la vie commune et restauraient la première école des Frères sur le territoire français. Le cardinal Fesch, archevêque de la grande cité, les vit à l'œuvre. Par le début, il augura l'avenir. Jugeant que la cause de l'instruction primaire se trouvait assurée dans le sens catholique, en France, si les Frères la prenaient en main, il n'hésita pas à mettre à leur service le concours de sa haute influence.

Ambassadeur près du Saint-Siège, il obtint du pape le retour et la fixation à Lyon du vicaire général. Puis en sa qualité d'oncle de l'empereur, il sut faire valoir des motifs tellement puissants sur l'esprit de son impérial neveu, qu'en 1809 Napoléon incorporait les Frères à l'Université et leur confiait en outre la direction des écoles normales d'instituteurs.

*
* *

Jusqu'à cette époque, la ville de Poitiers, si largement ouverte pourtant aux congrégations religieuses, sous l'ancien régime, ne connaissait point les Frères. Aussi l'instruction et surtout l'éducation morale de la jeunesse y périclitaient chaque jour. La chute de l'Empire devait apporter un remède à cette triste situation.

Profitant des libertés encore bien restreintes accordées par la Restauration, de nobles et généreux habitants de la cité s'organisèrent en groupe d'action sociale, sous le nom de *Congrégation de Saint-Louis*, ayant pour but principal « non des aumônes particulières, » ainsi qu'ils s'en expriment à Mgr de Bouillé, l'évêque de noble mémoire, « mais des exercices de charité en grand, tels que l'éta-
« blissement des Frères de la Doctrine chrétienne ».

Les archives de l'évêché contiennent la liste des premiers membres de la congrégation. J'ajouterai que la mémoire publique salue encore avec reconnaissance les noms de la plupart de ces notables chrétiens. Qu'il suffise de dire qu'à leur tête se signalait le vénérable abbé Pruel, au souvenir si vivant dans la paroisse de Sainte-Radegonde (1).

A la suite d'une mission terminée dans les premiers jours de janvier 1817, et donnée par les prêtres diocésains, dirigés avec autant de sagesse que d'éloquence par le chanoine Lambert, vicaire général, la question fut sérieusement mise à l'étude (2).

Son plus chaud partisan — et le fait vaut la peine d'être cité — fut Belin de la Liborlière, recteur de l'Académie de Poitiers. Frappé des médiocres résultats donnés par l'enseignement mutuel, alors si prôné, dès le 2 juillet 1816 il avait communiqué ses idées au comte du Hamel, préfet de la Vienne, relativement aux avantages que la ville de Poitiers pourrait retirer de l'établissement d'une école des Frères de Saint-Yon : c'était le nom porté par les fils de saint Jean-Baptiste de la Salle, pris du tombeau même de leur fondateur (3).

---

(1) Évêché, *Archives, cart.* 65.
(2) Affiches du Poitou, janvier 1817.
(3) Archives départementales de la Vienne, *série* T, *liasse* 2. L'original de cette lettre n'existe point au dossier, mais son existence est suffisamment attestée par la suivante, du même auteur :

ACADÉMIE DE POITIERS.
        Poitiers, le 16 décembre 1818.

« Monsieur le Préfet,

« Vous n'avez pas oublié sans doute que j'eus l'honneur de vous écrire le 2 juillet 1816, pour vous communiquer les idées que j'avais conçues relativement aux avantages qu'il me paroissoit que la ville de Poitiers pourroit retirer de l'établissement d'une école des Frères de Saint-Yon ; vous voulutes bien me répondre le 3, que les considérations que je vous avois présentées vous paroissoient décisives et que

Le lendemain, le préfet, trouvant décisives les considérations du recteur, invitait le conseil municipal à délibérer sur ce projet (1), et dans une séance mémorable qu'il tint à présider en personne, le principe fut chaleureusement admis, mais le vote des subsides fut renvoyé à la discussion du budget (2). La même demande, soumise au conseil général, rencontra le même accueil, avec cette différence que, séance tenante, deux mille francs furent votés pour subvenir aux frais de première installation (3). Plus tard, l'ensemble des crédits devait atteindre la somme de 4.000 francs.

*
* *

Pendant ces négociations, la congrégation de Saint-Louis ne restait point inactive. Pensant qu'il était très difficile de se procurer des Frères de Saint-Yon, et

---

vous alliez communiquer ma lettre au conseil municipal en l'autorisant à délibérer sur un projet dont j'avais le premier donné l'ouverture.

« En effet, vous présidâtes vous-même l'assemblée où le plan fut discuté et où une commission fut nommée pour préparer les moyens d'exécution, etc ... »

(1) ARCHIVES DÉPARTEMENTALES DE LA VIENNE, *série* T, *liasse* 2.
(2) HOTEL DE VILLE, *Délibérations du conseil municipal*, reg. 12, fol. 146, v°. Voici un passage de cette délibération dont le procès-verbal mentionne que le préfet *appuya sa motion avec énergie*...

« Plusieurs villes ont déjà appelé pour l'instruction primaire de la classe indigente, les Frères des Ecoles chrétiennes, autrement appelés Ignorantins (*) ; que ces habiles instituteurs font le plus grand bien dans les villes où ils sont établis, qu'il serait infiniment avantageux pour cette ville d'y fixer quelques membres de cette respectable congrégation. »

(3) Séance du 18 juin 1818.

(*) Le nom d'*Ignorantins* donné aux Frères n'éveillait aucune idée désavantageuse à leur endroit. Primitivement fixés à Saint-Yon (Seine-Inférieure) près du tombeau de leur fondateur, les Frères prirent le nom de leur maison mère et furent appelés *Saint-Yontins*, d'où *Yontins* et par corruption *Ignorantins*.

sachant que, dans la ville d'Auray, il y avait un noviciat formé sur le modèle des leurs, quoique d'une observance moins austère, elle y avait envoyé, dès la fin de juin 1817, trois jeunes gens, sur la recommandation de l'abbé Soyer, vicaire capitulaire, futur évêque de Luçon. Un essai semblable avait déjà réussi pour la ville de Thénezay (1).

On avait annoncé que leur stage serait fini au bout de l'an. Mais leur sage instituteur, les sachant destinés à enseigner dans une grande ville, avait demandé pour eux une prolongation de temps. C'était en 1818. Dans la crainte que les élèves d'Auray ne répondissent pas entièrement aux vues de la congrégation de Saint-Louis, et dans l'appréhension de voir tomber en caducité les 2.000 francs alloués par le conseil général, l'abbé Soyer fit la demande, à Lyon, de trois sujets, qui arrivèrent à la fin d'octobre. Un quatrième, envoyé par le supérieur général, les rejoignit bientôt (2).

Comme il n'existait point de local pour les recevoir, ils furent provisoirement placés chez les missionnaires, au doyenné de Saint-Hilaire (3), puis dans une maison louée 1.000 francs, située vis-à-vis de l'Hôtel-Dieu.

Tout marchait à souhait, et l'école allait s'ouvrir pour la Toussaint, quand un événement occasionné par les formalités administratives, auxquelles les Frères ne croyaient point devoir se soumettre, faillit anéantir l'œuvre dès son berceau. Grâce à la prudence de l'abbé Soyer, qui retarda son départ pour Luçon afin d'aplanir les difficultés passées à l'état aigu, les autorisations légales furent demandées et obtenues, et quelques jours

---

(1) Evêché, *Archives, cart.* 65.
(2) Ibid. *Confrères de S. Louis,* séance du 23 janvier 1820, présidée par Mgr de Bouillé.
(3) Arch. départ. Vienne, *série* V, *liasse 1.*

avant Noël, deux cent quarante élèves fréquentaient les classes sous la conduite du Frère Fructueux (1).

Restaient à régler quelques questions de détail. Enfin, le 17 mars 1819, Mgr Soyer pouvait écrire au préfet la lettre suivante : « Monsieur le Préfet, l'affaire des Frères « de la Doctrine chrétienne est heureusement finie. Leur « paix est faite avec l'Université, et le Roy leur donne une « maison, faubourg Saint-Martin, à Paris, qui sera le chef- « lieu de leur Société. Ceux qui ont été appelés dans cette « ville, où ils ont déjà fait tant de bien, seront installés, « selon leur pieux usage, le dimanche 21 de ce mois, « dans l'église cathédrale, à neuf heures et demie du « matin. M. Lambert, chanoine théologal, prononcera le « discours. J'ai l'honneur de vous inviter à cette céré- « monie (2). »

L'Ami de la Religion, n° du 5 mai 1819, relate en ces termes la manifestation grandiose autant que populaire suscitée par cet événement :

« Parmi un grand nombre d'établissements utiles, que le diocèse doit au zèle de ses administrateurs et à la piété des fidèles, il lui manquait un établissement approuvé où les dernières classes de la société trouvassent le genre d'instruction dont elles ont besoin, des principes de conduite, et surtout la connaissance et l'amour de la religion, ce fondement solide de toutes les vertus et unique frein des passions.

« Les Frères des Ecoles chrétiennes furent appelés, d'après le vœu du conseil général du département : leurs prompts succès justifièrent les espérances qu'on en avait conçues, et cette œuvre ne fut même plus privée du caractère distinc-

---

(1) Arch. départ. Vienne, *série T-3, liasse 2.*
(2) Ibid.

tif de tout ce qui est bon et utile : elle essuya des contradictions, qui firent éclater l'intérêt que lui portaient les amis de l'ordre et de la religion. Ces contradictions ont cessé, et les écoles sont plus fréquentées que jamais.

« Le 21 mars dernier, une cérémonie pieuse a mis le sceau à leur établissement parmi nous. Une messe du Saint-Esprit a été célébrée dans l'église cathédrale, par M. l'abbé Soyer, vicaire général, et que nous nous féliciterions de conserver, si nous pouvions nous réjouir d'un retard affligeant pour l'Eglise, et si fâcheux en particulier pour le diocèse de Luçon, que cet habile et vertueux ecclésiastique est appelé à gouverner.

« Les autorités de la ville étaient réunies dans l'église avec les Frères et leurs élèves. M. l'abbé Lambert, chanoine de Poitiers, prononça un discours dans lequel il insista sur cette vérité si frappante, que toutes les saines doctrines ont la religion pour appui nécessaire et que l'éducation, pour être solide et utile, doit reposer sur cette base. Il le fit sentir par des raisons convaincantes et par des exemples récents, et il rappela les heureux effets des soins des Frères, la sagesse de leur discipline, le respect qu'ils inspirent à la jeunesse, et l'ascendant qu'ils prennent sur les enfants, par la seule force de la religion et de la vertu.

« Cette ville fonde en effet les plus heureuses espérances sur la présence de ces modestes et laborieux ouvriers ; ils y sont au nombre de quatre; leur local, quoique très vaste, ne suffit déjà plus à leurs élèves. Ils ont formé un noviciat qui pourra fournir des ressources au diocèse ; ils ont six postulants, dont deux ont pris l'habit.

« MM. les vicaires généraux ont adressé, le 2 mai, aux curés du diocèse, une circulaire pour leur recommander cette œuvre et pour les prévenir en outre de l'arrivée de plusieurs sujets formés à Auray, selon la méthode des

Frères, et qui sont propres à procurer aux campagnes d'excellents instituteurs.

« Ainsi, l'arrivée des Frères parmi nous sera une époque pour l'amélioration de l'instruction dans nos villes et dans nos campagnes, et nous nous flattons de les voir former bientôt, dans ce diocèse, des établissements dont le nôtre fait sentir tout le prix. »

Détail significatif, la quête faite au cours de la cérémonie produisit la somme fructueuse de 802 francs.

Le Seigneur favorisa manifestement la jeune école chrétienne. « Leur établissement, écrivait au préfet, le 9 mai « 1819, M. Coulon, curé de la cathédrale, leur établisse- « ment formé à Poitiers depuis quelques mois, sous les « yeux et avec l'approbation de l'autorité, commence à pro- « duire des effets heureux sur la conduite des pauvres en- « fants, qui dans ces écoles gratuites sont formés à l'amour « de la religion et du travail (1). » Quelques jours plus tard, 30 mai, c'était le tour du vénérable et modeste abbé Pruel : « Monsieur le Préfet, disait-il, une association de per- « sonnes charitables a procuré à cette ville un établisse- « ment des Frères des Ecoles chrétiennes. Et déjà le bien « qu'ils ont fait surpasse les espérances qu'on avait con- « çues. Tous les pères de famille de la classe du peuple « voudraient que leurs enfants fussent admis dans cette « école, mais la petitesse du local n'a permis d'y recevoir « que 260 élèves (2). »

A côté de ces témoignages, il n'est pas indifférent de placer sous les yeux du lecteur les aveux, ou mieux, les doléances plus qu'inquiètes que les débuts heureux des

---

(1) ARCH. DÉPART. VIENNE, *loc. cit.*
(2) A ces témoignages il faut ajouter une circulaire du 13 mars 1819, par laquelle les vicaires capitulaires demandent aux curés d'envoyer des novices à l'Institut. EVÊCHÉ, *archives, Lettres pastorales.*

Frères faisaient naître chez les patrons de l'enseignement officiel. Sous le voile d'une bienveillance qui paraît réelle, une certaine anxiété, cependant, se manifeste à la vue d'un enseignement qui, dès son apparition, vidait les écoles mutuelles. Si les paroles gardent l'empreinte de la plus extrême modération, le ton général dénote le regret pour le présent et la crainte pour l'avenir. Un extrait du rapport lu le 5 juin, à la séance du comité des écoles, par le secrétaire Guerry-Champneuf, révèle admirablement cet état d'esprit : « Une école rivale s'est élevée à côté de la vôtre, « s'écriait-il, et quelques-uns de ceux qui la regardent avec « raison comme un établissement utile voudraient encore la « rendre exclusive, ce qui dépasse le but qu'ils devaient se « proposer. Des recommandations puissantes, le prestige « des anciens souvenirs, joints à la nouveauté et au mérite « réel de l'établissement, ont conduit beaucoup d'enfants « chez les Frères de Saint-Yon. La plupart de nos élèves « ont suivi le torrent, et l'on a proclamé l'inutilité de l'en- « seignement mutuel (1). » Ce pronostic n'était peut-être pas sans fondement.

*
* *

En attendant, le succès n'endormit point la généreuse initiative de la congrégation de Saint-Louis. Justement préoccupée du laborieux état de choses, sans bruit, mais courageusement, elle s'était remise à l'œuvre. C'est ce qu'on lit dans son rapport de 1820 à Mgr de Bouillé :

---

(1) AFFICHES DU POITOU, *24 juin 1819, p. 363.* Il ne faudrait pas croire que les écoles mutuelles fussent établies sur le « principe de neutralité » des écoles officielles de nos jours. Qu'il suffise de dire que le comité directeur de Poitiers était alors présidé par le vénérable abbé de Moussac, vicaire capitulaire, fondateur des Frères et du séminaire de Montmorillon.

« Dès le principe, on a senti l'extrême besoin d'avoir une
« succursale, à cause de l'étendue de la ville, qui ne per-
« met pas à toute la population indigente de fréquenter la
« maison. Ce n'était d'abord qu'un projet que l'on avait cru
« devoir ajourner, jusqu'à ce que l'on pût se procurer les
« fonds nécessaires à son exécution. Mais le zèle a gagné
« de vitesse la prudence, et la seconde école, déjà formée
« dans le quartier de Saint-Hilaire, est en pleine activité
« depuis le 10 novembre 1819. »

Toutefois l'ouverture de cette seconde école n'allégeait en rien les défectuosités de la première. Devant le nombre croissant des élèves, le local primitif restait toujours étroit, incommode et dispendieux. La congrégation de Saint-Louis jette alors les yeux sur l'ancien couvent de la Providence, en partie transformé par la Révolution en dépôt de mendicité (1) et dans l'autre partie duquel achevait de mourir, en 1820, une œuvre de préservation de jeunes orphelines dirigée par des dames de la haute société poitevine, œuvre de dévouement sans doute, mais que sa constitution même condamnait à une courte et précaire existence (2).

Quels obstacles paralysèrent le bon vouloir de la congrégation ? Je l'ignore. Mais des circonstances imprévues modifièrent de la manière la plus favorable les pieux desseins des confrères de Saint-Louis en leur procurant un établissement définitif, sur lequel ils n'auraient peut-être jamais osé compter.

---

(1) Ce dépôt ne fut aboli qu'en 1822. ARCH. DÉPART. VIENNE, *ibid.*
(2) ARCH. DÉPART. VIENNE, V-4, *liasse 1*. Un tableau des congrégations indique qu'en 1804, il y avait 19 dames, ne tenant à aucune des anciennes institutions, 18 pensionnaires dont 12 reçues gratuitement, et des externes en nombre illimité. En 1816, cet établissement étant criblé de dettes, les vicaires capitulaires rendirent une ordonnance prescrivant la liquidation. En face des résistances peu judicieuses des deux uniques dames directrices, ils ordonnèrent le licenciement : 10 mars 1817. IBID. et ÉVÊCHÉ, *registre des ordonnances.*

Un immeuble, bijou d'architecture de la Renaissance, se trouvait à louer : c'était la maison des Veillechèze de la Mardière, dite *hôtel de la Prévôté*, sans doute parce qu'il embellissait la rue qui porte ce nom. Un bail consenti dans des conditions rémunératrices, sans être toutefois onéreuses, fut consenti par la généreuse propriétaire, et les Frères y firent leur entrée le jour de la Notre-Dame de mars 1821 (1).

Ainsi parle le contrat.

Largement installés en ce qui concernait le logement des maîtres, les services scolaires resserrés par les possessions de la Providence laissaient à désirer : comment sortir de cette situation désavantageuse ? D'une part, les frais de la récente installation se chiffraient par une somme considérable. Par ailleurs, l'augmentation des élèves nécessitait impérieusement un budget d'au moins 7,000 francs.

Enfin les générosités officielles obligées de subvenir à l'entretien des écoles mutuelles en détresse semblaient se lasser. L'heure était critique, mais elle était l'heure de Dieu.

Vers la fin de cette même année 1821, le chevalier Vincent Brumault de Beauregard, dont la famille avait payé, dans la personne d'un de ses membres, le terrible et sanglant tribut levé sur les fidélités aux nobles causes, par la guillotine révolutionnaire, venait de mourir, héritier de l'une des dernières propriétaires de la Providence. Mais, loin de se considérer comme légitime possesseur d'un immeuble affecté par sa destination aux bonnes œuvres, il tint, par un testament confidentiel, à informer l'évêque de Poitiers qu'il s'était fait un devoir de garder

---

(1) Arch. départ. Vienne, V-4, *liasse*

cet immeuble en dépôt, « jusqu'à l'heure où Sa Grandeur
« jugerait bon d'en faire l'emploi le plus utile à la religion
« et aux bonnes mœurs en l'affectant au logement des
« Frères de Saint-Yon ». Ainsi s'exprimait, le 10 juin
1822, son exécuteur testamentaire, l'abbé de Beauregard,
naguère vicaire capitulaire et curé de la cathédrale, qui
croyait s'être dérobé à l'épiscopat en refusant l'évêché
d'Amiens, alors que l'obéissance allait le désigner pour
Montauban, et le contraindre à monter sur le siège d'Orléans.

Confident des suprêmes volontés de son frère, Mgr de
Beauregard affirmait que les intentions du donateur
seraient encore remplies, si Mgr de Bouillé jugeait à
propos de disposer de cette portion de l'héritage en
faveur du séminaire diocésain, misérablement établi dans
l'ancien couvent des Pénitentes, rue Corne-de-Bouc, et
dans une annexe du doyenné de Saint-Hilaire (1).

L'évêque de Poitiers n'hésita pas. Par ordonnance
royale du 15 mars 1823, il fut autorisé à accepter le legs
avec sa double destination. C'est sur ce terrain que se
construisirent plus tard, à deux reprises différentes, les
classes et le préau de la Prévôté, tels que ces bâtiments
existent aujourd'hui (2).

Cet heureux événement avait changé la face des choses,
et il ne restait plus qu'un pas à faire pour assurer l'avenir des écoles chrétiennes. Mais il était dur à franchir, car
il ne s'agissait de rien moins que de l'acquisition de
l'hôtel de la Prévôté.

Toujours généreuse, la congrégation de Saint-Louis ne
recula point devant le rude sacrifice qui s'imposait. Aussi,
le 4 janvier 1825, son vénéré président, l'abbé Pruel,

---

(1) ARCH. DÉPART. VIENNE, V-5, *liasse 1*.
(2) IBID.

achetait l'antique maison familiale des Veillechèze (1).

Désormais les Frères avaient une pierre où reposer leur tête, un toit pour abriter leur dévouement aux classes populaires. Selon son programme, la congrégation faisait la charité en grand.

La sécurité cependant n'était point complète. En butte aux inimitiés que suscite le bien partout où il se manifeste, la bienfaisante Société se vit l'objet de la suspicion, précisément à cause de ses œuvres. Dès les premiers symptômes de l'orage lentement et sûrement amoncelé, Mgr de Bouillé ne faillit point à sa réputation d'administrateur consommé. Ne voulant qu'à quelque prix que ce soit, l'œuvre primordiale de l'instruction populaire fût compromise, il mit à l'entreprise la dernière main, 22 janvier 1827, en se rendant acquéreur, au nom du Séminaire, de l'immeuble sur lequel reposaient tant d'espérances (2).

∴

Mais le succès coûte cher parfois. Les années suivantes le démontrèrent surabondamment.

Juillet 1830 venait d'installer au pouvoir une monarchie à laquelle un homme d'État célèbre infligeait l'hommage de l'appeler : un gouvernement qui ne va pas à confesse. Trop accessible à l'impulsion partie des hautes sphères, le conseil municipal de Poitiers, qui reconnaissait en 1821 « que l'enseignement mutuel était généra-
« lement abandonné par l'opinion populaire, qu'il n'y

---

(1) Evêché, *Archives*, *cart. 4*, et Arch. départ. Vienne, V-1, liasse *14*.
(2) Ibid.

« restait plus que cinq ou six élèves, tandis que les
« enfants de la ville étaient portés en foule par leurs
« parents aux écoles des Frères, que tous les secours
« accordés jusqu'à ce jour à l'enseignement mutuel
« devaient être supprimés et reportés aux écoles des
« Frères (1)... », ce même conseil changea radicalement
d'attitude et, en dépit des pétitions des pères de famille,
ferma la caisse.

J'ajouterai pour mémoire que l'or municipal devait
galvaniser l'enseignement mutuel (2).

Malgré les refus réitérés qui ne l'humiliaient pas moins
dans sa dignité de gentilhomme, qu'ils le faisaient souffrir
dans sa qualité de père et de pasteur, le noble évêque,
tant était sacrée la cause pour laquelle il tendait la main,
mendia chaque année le viatique des chers Frères. Il lui
fut régulièrement répondu par l'ordre du jour. En 1839,
les Frères furent même à la veille de partir (3).

Mais les calculs humains ne prévalent pas contre les con-
seils de la Providence. C'est pourquoi, lorsque la mort, en
1842, coucha dans la tombe cette grande figure épiscopale,
le petit grain de sénevé avait germé l'arbre vigoureux et
fécond.

L'humble école de la rue de l'Hospice était devenue, en
1819, l'école de Saint-Hilaire ; en 1821, l'école de la Prévôté ; en 1835, l'école de la rue Barbate ; avec une population scolaire totale de 900 élèves, et une médaille d'hon-

---

(1) HOTEL DE VILLE, *Délibération du conseil municipal, reg. 12,*
fol. 72ro.

(2) IBID., *séance du 4 janvier 1831.*

(3) IBID., *passim, à partir de 1832.* Deux années, en 1840 et 1841,
les habitants adressèrent au conseil diverses demandes d'allocation
en faveur des Frères. Leurs pétitions furent à peine discutées. Ce
n'est qu'à partir du 14 juillet 1849 que la ville consentit à voter une
subvention de 300 francs, pour achat de prix.

neur (1) ; en 1841, un demi-pensionnat fréquenté par 80 externes, et les pourparlers engagés présageaient que notre cher pensionnat allait naître (2).

---

(1) ARCH. DÉPART. VIENNE, V-4, *liasse 2, Tableau des congrégations* demandé par le ministère de l'instruction publique, 7 juillet 1839.
(2) PENSIONNAT, *Archives*, et ÉVÊCHÉ, *Archives, cart. 65.*

CHAPITRE II

LE PENSIONNAT.

Jusqu'alors, seuls les habitants de la ville avaient profité de l'inappréciable bienfait de l'instruction chrétienne pour leurs enfants. Or, il était facile de prévoir que la réputation des Frères grandissant de jour en jour, les populations rurales ne manqueraient pas de se montrer jalouses de profiter des mêmes avantages. Ainsi advint-il.

De toutes parts, des sollicitations pressantes réclamaient l'ouverture d'un internat.

Longtemps le F. Stéphanus, directeur des écoles de la ville, résiste à ces instances répétées, et les parents durent se contenter de placer leurs enfants dans des maisons amies, qui leur offraient à la vérité le vivre et le couvert, mais ne garantissaient pas la surveillance. Cette situation laissait évidemment trop à désirer, pour se prolonger davantage. Ce fut alors qu'en 1841, le Frère directeur crut pouvoir concilier tous les intérêts en ouvrant le demi-pensionnat, qui dès la même année comptait, on l'a vu, 80 élèves. C'était une demi-mesure, une demi-satisfaction : c'était surtout une indication.

L'idée fit rapidement son chemin. L'année suivante, les meilleures familles de Poitiers, joignant leurs vœux aux désirs exprimés, offraient de subvenir par voie de souscription, s'il le fallait, aux dépenses de dortoirs, de classes, de réfectoire et d'augmentation du personnel qu'exigerait le futur pensionnat.

Vaincu par cet ensemble de demandes, le F. Stéphanus se décide enfin à commencer les démarches légales. Les autorités officielles, notamment le conseil d'arrondissement, s'empressèrent de lui répondre, à l'unanimité, par une fin de non-recevoir (1). Qu'allaient devenir les écoles publiques déjà désertées avec tant d'empressement ?

Sur ces entrefaites, le T. H. F. Philippe, supérieur général, vint à Poitiers, prit la cause en main et traita directement l'affaire à Paris.

Ses habiles négociations aboutirent au plus heureux résultat : avant la fin de l'année le pensionnat était créé (2).

* *

A l'enseignement primaire élémentaire, qui comprenait le catéchisme, l'histoire sainte, l'analyse grammaticale, l'arithmétique, les premières notions d'histoire de France, d'histoire ancienne, d'histoire romaine, de mythologie et de musique, on adjoignit l'histoire de France, celle du moyen âge et l'histoire moderne, l'analyse logique, les éléments de littérature française, le style épistolaire, la géométrie, l'algèbre, l'arpentage, le toisé, la botanique, la zoologie, la physique, la chimie, la tenue des livres, les notions d'astronomie, le dessin, la gymnastique et la musique instrumentale. Un essai de langues étrangères fut même tenté.

Le service religieux, assuré d'abord par des prêtres espagnols, fut confié à des aumôniers nommés par l'autorité diocésaine (3).

---

(1) CONSEIL D'ARRONDISSEMENT, *Poitiers, 1842*, et *Observations sur l'avis du conseil d'arrondissement qui refuse aux Frères la permission d'ouvrir un pensionnat primaire.* ÉVÊCHÉ, *Archives, cart. 65.*
(2) ÉVÊCHÉ, *Archives, cart. 65.*
(3) PENSIONNAT, *Archives, Palmarès de 1842.*

Les débuts furent modestes, trois classes seulement s'ouvrirent sous la direction du F. Euthyme, et cependant le jeune pensionnat s'était conquis dans les rangs de l'armée, de la magistrature, de la noblesse, du haut commerce et de la bourgeoisie, la clientèle qui ne devait plus l'abandonner. D'ailleurs, les chiffres diront avec plus d'éloquence que les discours combien le pensionnat répondait aux vœux de la population. En 1844, il comptait quatre classes et 180 élèves ; en 1845, six classes et 219 élèves ; en 1846, sept classes et 243 élèves.

Peut-être serait-on tenté de supposer que le succès de la nouvelle institution s'affirmait au détriment de l'école primaire de la Prévôté ?

Jamais, au contraire, celle-ci ne vécut des jours plus prospères. A ce point qu'en 1850, des négociations furent engagées avec la ville, à l'effet de déverser l'excédent d'élèves de la Prévôté sur l'école Saint-Germain, dont le directeur des Frères consentit à devenir titulaire communal. Acceptée en principe, la combinaison ne se réalisa point (1). Dix-huit ans encore, classes primaires et pensionnat durent vivre dans un entassement également défavorable à leur mutuel développement.

Enfin, le moment vint où la cohabitation devenait matériellement impossible. Le pensionnat dut s'expatrier. Il n'eut pas loin à chercher un asile : l'ancien couvent des Dominicains allait le lui fournir.

Mais, avant de raconter son installation dans la demeure qui l'abrite aujourd'hui, je me permettrai d'esquisser, en quelques traits rapidement tracés, les destinées successives de cette maison, dite des *Jacobins*, qui tient une place si importante dans notre histoire locale. Je n'aurai garde

---

(1) Evêché, *Archives*, cart. 65.

d'effleurer la monographie qu'en prépare un religieux distingué, le P. Bernard Ducoudray, avec une patience de Bénédictin jointe à l'érudition d'un Frère Prêcheur.

.˙.

A une date qui se perd dans la nuit de nos origines poitevines, l'église paroissiale de Saint-Christophe, dont le vocable indique vraisemblablement l'un des titres paroissiaux primitifs de Poitiers, s'élevait ici même au milieu de terrains vagues et de ces vignes ou *treilles*, qui, disséminées çà et là, donnèrent plus tard leur nom à deux rues de notre ville.

En 1218, quelques religieux envoyés par saint Dominique arrivèrent dans la vieille capitale du Poitou, y fonder une maison de l'ordre naissant des Frères Prêcheurs. Ils y furent reçus avec empressement par Philippe, doyen du chapitre de l'église cathédrale, le siège vacant. Bientôt, de concert avec le maire, Hilaire Berland, et les échevins, il leur donna l'église de Saint-Christophe, et la paroisse fut transférée à Notre-Dame-la-Petite (1). Telle est l'origine du couvent des Jacobins dont je n'ai point à redire les multiples gloires. Je retiendrai seulement ce fait qu'en le choisissant, le 29 mai 1431, pour siège de l'Université de Poitiers, le pape Eugène IV semblait le prédestiner à devenir une maison d'études (2).

Un moment, la Révolution de 1789 interrompt cette noble affectation. Poitiers voulait avoir son club des Jacobins, et l'église du vieux couvent subit l'outrageux honneur

---

(1) BIBLIOTHÈQUE NATIONALE, *Fonds franç.* 20084. — D. FONTENEAU, t. XXXIII, place cet événement en 1216. — BÉLISAIRE LEDAIN, *Maires de Poitiers*, p. 224.

(2) ANNALES D'AQUITAINE, 1644, in fine : *De l'Université de Poitiers*.

d'être transformée en salle des séances. Caserne en 1791 (1), groupe scolaire en 1794 (2) des sept instituteurs de la ville (3), en 1798, elle passa nationalement, ainsi que les bâtiments conventuels, entre les mains d'un industriel qui trouva, dans la spéculation sur les biens ecclésiastiques, des *profits* sur lesquels il ne comptait point.

Vers 1842, un homme de cœur et de foi, M. Charles Dupont, propriétaire depuis peu de l'antique monastère, résolut de restituer ces vénérables débris à une destination moins profane. Béni et encouragé par deux évêques, Mgr de Bouillé et Mgr Guitton, il fit appel au dévouement de prêtres éminents du diocèse, les Pauvert, les Rabier, les Roulland, les Maynard, et fonda la célèbre école de Saint-Vincent-de-Paul, où, malgré les entraves légales, qui obligeaient la jeunesse écolière à suivre les cours du lycée, l'instruction secondaire couronnait l'œuvre de christianisation commencée par les Frères. Enfin, quand la loi Falloux rendit, en 1852, la liberté à l'enseignement catholique, l'évêque qui pendant trente ans devait gouverner l'Eglise de Poitiers avec une si haute intelligence des choses de Dieu, s'empressa de profiter des avantages offerts par la nouvelle législation. Grâce à de prin-

---

(1) ARCH. DÉPART. VIENNE. Q. *1, liasse 13.* Le 25 mai 1793, le receveur de la régie des domaines nationaux expose dans son rapport relatif à l'enlèvement des girouettes que la municipalité a fait de cette maison « une cazerne (*sic*) pour le logement des troupes ».

(2) IBID. « Le 10 vendimiaire, l'an 4ᵉ de la République française, une et indivisible, nous, X..., administrateur du conseil général du district de Poitiers, commissaire, etc..., nous sommes transportés dans la ci-devant maison des Jacobins de cette ville, destinée par arrêté du représentant du peuple Baraillon au logement des instituteurs de cette commune. »

(3) IBID. Sept appartements furent tirés au sort par les instituteurs, Lépinay, Venault, Mazelle, Rabioux, Maffre, Delage, Robain.

(4) ARCH. DÉPART. VIENNE, L., *liasse 63*, 6 brumaire an VI (27 octobre 1798).

cières générosités, il acquit l'école de Saint-Vincent-de-Paul et la transforma en établissement diocésain (1). Puis, deux ans plus tard, il en commit la direction à ces éducateurs incomparables de la jeunesse chrétienne : les Pères de la Compagnie de Jésus. Quel éclat donnèrent à leur enseignement les proscrits revenus de Brugelette, il suffit de lire leurs palmarès pour s'en rendre compte (2).

A quelques années de là, l'ouverture, en 1857, du magnifique collège Saint-Joseph, fit encore changer la destination du couvent de Saint-Dominique. Mais, grâce à Dieu, celle-ci ne perdait rien de sa sainteté. Aux maîtres de la jeunesse succédèrent les religieuses hospitalières, dépossédées par le percement de la rue Boncenne de la demeure où elles prodiguaient les trésors et les tendresses du dévouement religieux (3).

Avec ces saintes femmes, la charité sanctifia pendant huit ans, de 1860 à 1868, ces lieux si longtemps consacrés à la prière et à l'étude.

A cette dernière date, l'antique abbaye de Sainte-Croix, demeure des évêques de Poitiers depuis la Restauration, se trouvait vacante par le retour de Mgr Pie dans l'ancien palais épiscopal. Les pieuses moniales allèrent se fixer aux lieux où sainte Radegonde avait fondé la prière (4).

Mais l'heure était venue où les séculaires traditions de science et de vertu gardées par le vieux cloître allaient trouver de vaillants continuateurs. Le 2 octobre 1869, en la fête des saints Anges gardiens, les Frères, constitués

---

(1) Tous ces détails sont extraits d'une charte écrite en ce beau latin dont Mgr Pie avait le secret, conservée aux archives de l'Evêché, *cart. 65.*
(2) ARCH. DÉPART. VIENNE, V-*1*, *liasse 14.*
(3) IBID., et EVÊCHÉ, *cart. 68.*
(4) EVÊCHÉ, *Archives, cart, 68.* (Décret du 30 décembre 1868.)

désormais héritiers de tant de grands souvenirs, prenaient possession du couvent des Dominicains, et, dans ses murs rajeunis, entraient à leur suite ces générations d'enfants, d'adolescents, de jeunes gens, qui venaient demander au pensionnat la science qui élève les esprits, la vertu sauvegarde des volontés et des mœurs, et par-dessus tout la foi qui engendre les chrétiens et fait les hommes de caractère (1).

---

(1) Arch. départ. Vienne, V-*4*, *liasse 14*.

DIRECTEURS DU PENSIONNAT

F. STÉPHANUS (1842-44).

F. EUTHYME (1844-47).

F. RUFUS (1847-1860).

F. CYRUS (1860-1874).

F. DOMNION (1874-1880).

Clichés Thiolier.

CHAPITRE III

LES DIRECTEURS.

Le retour périodique des mêmes exercices rend forcément monotone en soi la vie d'un pensionnat. Il ne faudrait donc pas croire que celui de Poitiers fit exception à la règle. Mais il arriva parfois que cette monotonie fut rompue par certains événements dont il me reste à parler, en groupant les faits par ordre chronologique, autour de chacun des directeurs qui furent appelés au gouvernement du pensionnat.

Frère Stéphanus (1840-1844).

Tout d'abord, après les agrandissements nécessités par la création du pensionnat à la Prévôté, les premières années du jeune établissement se passent à l'organisation matérielle de nouveaux services. Et, certes, les Frères ne reculèrent point devant des dépenses d'autant plus louables, que la propriété du terrain sur lequel s'élevèrent les constructions ne leur appartenait pas.

Frère Euthyme (1844-1847).

Les modestes débuts effectués, il importait, sous peine de végéter, de transformer les trois classes ouvertes en 1840, en un établissement de plein exercice. Le F. Euthyme se chargea de ce soin, et lorsqu'en 1847, ses supérieurs l'envoyèrent à Marseille, sept classes recevaient une population scolaire de 243 élèves, qui resta longtemps le chiffre normal.

Frère Rufus (1847-1860).

L'organisation matérielle se développa considérablement, et il semble que le F. Rufus en ait eu le génie, car de l'espace aussi restreint que l'était la Prévôté pour une maison d'éducation, il tira un parti vraiment inimaginable. Chapelle provisoire, classes, grande salle de réunion, dortoirs, salle d'étude des Frères, tout se crée ou se transforme. Enfin, le 31 mai 1854, l'érection et la bénédiction de la statue monumentale qui domine la terrasse, placèrent le pensionnat sous la protection de la très sainte Vierge. En 1860, le F. Rufus était appelé à Paris.

Frère Cyrus (1860-1874).

Malgré tous les efforts et l'argent dépensé, le pensionnat, dont la propriété n'appartenait pas à l'Institut, ne pouvait plus recevoir les développements indispensables. Cette situation n'échappa point au supérieur général, le T. H. F. Philippe, de passage à Poitiers en 1863. Aussi parla-t-il de fermeture, faute d'un local suffisant. Mais Mgr Pie s'opposa formellement à cette mesure, et l'on a vu comment l'acquisition de l'immeuble de la rue d'Orléans résolut heureusement la difficulté.

A peine installé dans sa nouvelle et spacieuse demeure, l'établissement subit les vicissitudes de l'année terrible. Les désastres de la guerre avec l'Allemagne, qui avaient refoulé sur Poitiers les débris de l'armée de la Loire, amenèrent le licenciement des élèves par ordre préfectoral. Les Frères, dont le patriotisme s'affirmait au champ de bataille de Champigny, de la manière simplement héroïque que l'on sait, n'entendirent point rester en deçà des instructions officielles, et ils mirent le pensionnat à la disposition de l'autorité militaire, qui le convertit en caserne, jusqu'en février 1871.

Bientôt le F. Cyrus alla prendre la direction du pensionnat de Nantes.

Frère Domnion (1874-1880).

L'épreuve passée, le pensionnat reprit sa prospérité et atteignit, en 1877, le chiffre de 320 élèves, qui n'a plus été dépassé. Cet accroissement nécessita l'ouverture de la classe intermédiaire, dite de deuxième seconde.

En même temps étaient érigées les congrégations de la sainte Vierge et des saints Anges. Tout faisait donc présager un heureux avenir, sous une direction qui s'annonçait par de si brillants résultats. Mais Dieu, pour qui les hommes ne sont pas des instruments nécessaires, en décida autrement.

Une mort prématurée enleva le frère Domnion à son œuvre, le 19 février 1880. De sa tombe, au cimetière de la Pierre-Levée, il préside encore l'assemblée de ses Frères, que la mort a groupés autour de son sépulcre.

Frère Carolius (1880-1900).

Le cycle qui nous reste à parcourir présente plus d'une difficulté. Outre qu'il s'agit de parler des vivants, les liens personnels d'affectueuse estime formés par quinze ans d'une sollicitude commune me rendent la tâche assez périlleuse.

Je ne puis donc être ici que simple et bref narrateur.

Presque au lendemain de la mort du F. Domnion, l'Institut, sur l'ordre du T. H. F. Irlide, supérieur général, devait célébrer, au mois de juin 1880, le deuxième centenaire de sa fondation. Les solennités du pensionnat furent assombries par la mort du cardinal Pie, survenue quelques jours auparavant. Elles y perdirent ce cachet d'incomparable grandeur qui accompagnait toujours la présence et la parole de l'éminent prince de l'Eglise. En retour, le saint évêque d'Anthédon, *in partibus*, Mgr Gay, qui avait rempli les fonctions d'auxiliaire de Poitiers, vint, au jour de clôture du triduum, apporter les bénédictions et la grâce de sa piété.

En 1881, fut inauguré dans les quatre premières classes le programme de l'enseignement secondaire, qui devait être adopté définitivement en 1898, pour tout l'établissement. En même temps commencèrent les travaux d'un gymnase et des bâtiments situés à l'extrémité de la cour des moyens.

C'était un acheminement à la construction d'une chapelle.

Sous ce rapport, l'organisation laissait vraiment par trop à désirer. Qui ne se souvient, en effet, de cette salle du premier étage, à peine suffisante pour loger les élèves, où les fidèles étaient entassés dans le réduit formé par le palier d'un escalier, tandis que les services auxiliaires, sacristies, chapelles de congrégations, étaient installés en de très ordinaires chambres, dont la commodité ne remplaçait point la vulgarité? Survenait-il une de ces fêtes qui amènent l'affluence des familles au pensionnat, première Communion, cérémonie extraordinaire, etc. : à la hâte, il fallait convertir en chapelle provisoire le préau des cours de récréation, qui, malgré des prodiges et un luxe de décorations, gardait encore une vague apparence profane.

La construction décidée, l'œuvre commence aussitôt. Le 8 mars 1886, le premier coup de pioche fut donné, et le 16 mai, fête du Patronage de saint Joseph, après de longs et coûteux travaux de soubassement, la première pierre recevait la bénédiction liturgique.

En vertu d'une délégation épiscopale, cette cérémonie fut présidée par le vénérable archiprêtre, curé de la paroisse, M. l'abbé Crétin, qui chaque année aimait à venir célébrer la messe du Saint-Esprit et adresser aux élèves une allocution empreinte, à défaut de haute éloquence, d'une sacerdotale paternité.

Les travaux rapidement menés permirent de livrer la chapelle au culte, dès le 19 décembre de la même année. Mgr Bellot des Minières, évêque de Poitiers, vint la bénir solennellement et y célébrer la première messe.

Les sous-sols utilisés, devinrent une vaste salle de réunion, dont l'aménagement se termina seulement au cours de l'année 1888, qui tient un rang d'honneur dans les fastes de l'Institut des Frères.

En effet, le 19 février, Sa Sainteté Léon XIII décernait à l'humble fondateur des Frères des Ecoles chrétiennes les honneurs suprêmes du culte catholique en proclamant bienheureux Jean-Baptiste de la Salle. Cet acte souverain du Pape eut un immense retentissement dans l'Eglise de France. Partout où les Frères ont des établissements, les fêtes se succédèrent à l'envi, plus populaires et plus magnifiques.

Poitiers ne resta point en dehors de ce concert de louanges, et bien que la mort de Mgr Bellot des Minières eût imposé le deuil au diocèse, le triduum de la Béatification, qu'il avait promis de présider pontificalement, fut célébré avec toute la solennité des pompes liturgiques.

Parcourant rapidement les années suivantes, qui n'apportent que des améliorations matérielles de dortoirs et de conciergerie, nous arrivons en 1892, qui ramenait le cinquantième anniversaire de la fondation du pensionnat. Le C. F. Carolius profita de l'occasion pour fonder l'Association amicale des anciens élèves, dont je ne referai point l'histoire, détaillée dans le Bulletin, mais à qui je souhaite longue vie et fécond accroissement. Le directeur du pensionnat en est le président d'honneur.

A mesure que se déroulent les années, la prospérité grandit toujours. Spacieusement aménagé, doté d'une vaste et gracieuse chapelle, fréquenté par une nombreuse population scolaire, entouré de la faveur et de l'estime générales, il semblerait qu'il n'y eût plus un souhait à formuler et qu'il suffît de se laisser vivre. Et pourtant, on crut que le dernier mot n'était pas dit et, après avoir tant donné à l'utile, on songea quelque peu à l'agréable.

Toutes les générations qui ont passé dans l'établissement depuis 1872 connaissent Fontarnault. Maison de campagne peu idéale, elle ne pouvait se flatter d'offrir les verdoyants et salutaires ombrages assez naturellement réclamés pour les promenades d'été, les jours de congés et de vacances des Frères. Que si le pittoresque avait pu compenser ce désavantage, le site coquet de la vallée du Miosson eût comblé tous les desiderata. Mais à l'écolier ruisselant de sueur sous un soleil torride, allez donc parler d'admirer la nature étalant la gracieuse variété de ses paysages. Le moindre coin d'ombre et de fraîcheur ferait bien mieux son affaire.

Ainsi le pensa un cher Frère qui m'en voudrait de le laisser soupçonner, même sous l'aimable aspect d'un ancien et peu sévère professeur de sciences physiques, et qui se rendit propriétaire du joli coteau, exonérant ainsi le pensionnat de la charge d'une location vieille de 24 ans. Transformé, cultivé, planté, le Fontarnault d'aujourd'hui s'épanouit en riants et ombreux embellissements.

Voici le siècle qui s'achève, et sa dernière année va recevoir une inoubliable consécration.

Le degré suprême manquait à la gloire de J.-B. de la Salle. Léon XIII, qui déjà l'avait élevé sur les autels en le proclamant *Bienheureux*, voulut couronner son œuvre et lui décerner le titre de *Saint*, au milieu des splendeurs d'une canonisation rendue plus solennelle encore par l'année jubilaire, et dont furent les heureux témoins un groupe d'une trentaine d'élèves tant anciens qu'actuels, conduits à Rome par le C. F. Carolius et le F. Delphin.

Brillant écho des solennités de la Ville Eternelle, les fêtes célébrées à Poitiers, les 6, 7 et 8 juillet, surpassèrent en magnificence toutes celles dont le pensionnat fut jamais témoin. Pendant deux jours, elles se déroulèrent dans la chapelle, qui reçut à cette occasion une décoration aussi riche qu'artistique. Le dernier jour, elles revêtirent un caractère grandiose et populaire à la fois. La cathédrale, gracieusement mise à la disposition du C. F. Directeur, ouvrit ses vastes nefs au peuple chrétien de Poitiers, si redevable de tant de bienfaits à Jean-Baptiste de la Salle. Entouré du chapitre et d'un imposant clergé, le doux et pieux évêque, Mgr Pelgé, daigna présider la clôture de ce triomphal triduum, en célébrant lui-même l'office pontifical.

L'Association amicale, qui réunissait en ce jour son assemblée annuelle, se fit un devoir d'inviter au traditionnel banquet l'élite de la société poitevine, et celle-ci tint à honneur d'apporter en cette circonstance, la plus solennelle de la vie de l'Institut, le témoignage de sa sympathie aux chers Frères.

Commencée dans la joyeuse espérance, l'année séculaire devait s'achever dans l'épreuve de la séparation. Au lendemain de la rentrée d'octobre, le C. F. Carolius, que vingt ans d'une direction féconde désignaient à ses supérieurs pour remplir de plus hautes fonctions, fut appelé à

Quimper en qualité de visiteur. Il était devenu à Poitiers ce que l'on appelle une personnalité. Aussi son départ, malgré une élévation si honorable et pour le titulaire et pour le pensionnat, fut un jour néfaste autant pour les nombreuses familles qui l'avaient connu et apprécié, que pour les générations d'élèves formés sous sa paternelle direction.

Frère Jules (1900).

Le 17 octobre, le C. F. Jules, depuis quelques années professeur de première classe, prit la direction du pensionnat. Les brillantes qualités intellectuelles qui distinguent le nouveau directeur auraient assuré des jours de plus en plus prospères, si l'orage suspendu sur l'enseignement libre n'était venu fondre sur notre cher établissement.

Avec 1902, venait le soixantième anniversaire de la fondation du pensionnat. Et si, pour les familles, les noces de diamant sont une occasion de réunir les enfants dans l'allégresse, elles sont, pour les institutions, un gage de prospérité qu'il convient de célébrer dans la joie. Cette joie, toutefois, dans un collège chrétien, doit porter l'empreinte religieuse. C'est pourquoi le C. F. Jules voulut, à cette occasion, placer le nôtre sous le vocable et sous les auspices de saint Jean-Baptiste de la Salle.

Après un office magnifique, où les gloires du saint furent éloquemment redites par notre illustre orateur poitevin, l'abbé Frémont, toujours fier d'avoir été l'élève des Frères de la Prévôté, Mgr l'Evêque consacra solennellement le pensionnat à l'immortel fondateur de l'Institut des Frères, et bénit sa statue qui, du haut de la façade intérieure, domine toute la maison.

Voici la traduction de l'acte épiscopal de consécration,

F. CAROLIUS
Directeur : 1880-1900

F. JULES
Directeur : 1900-1905

Clichés THOLIER.

dont le texte latin fut lu publiquement à l'issue de la cérémonie :

HENRI PELGÉ, Par la grâce de Dieu et l'autorité du Saint-Siège apostolique, Evêque de Poitiers, à tous les fidèles ici présents, bénédiction en Notre-Seigneur.

C'est un devoir de notre charge pastorale de promouvoir et, autant qu'il nous est possible, d'accroître le culte des saints, principalement de ceux qui laissèrent des règles pour l'éducation et l'instruction de la jeunesse chrétienne.

Prenant donc volontiers en considération la supplique qui nous a été adressée par les Frères des Ecoles chrétiennes et nous souvenant que le cours de la présente année ramène le soixantième anniversaire de l'heureuse fondation de leur pensionnat, qui contribua à augmenter la religion dans notre ville et dans le diocèse, nous avons aujourd'hui célébré dans la chapelle de ce même collège la sainte messe, pendant laquelle M. l'abbé Frémont, chanoine honoraire de l'Eglise de Poitiers, prononça une éloquente allocution en présence des Frères, de leurs élèves actuels, et de l'Association amicale des Anciens.

Après quoi nous avons placé et par les présentes nous plaçons cette pieuse maison sous le vocable de saint Jean-Baptiste de la Salle, fondateur de l'Institut des Frères, pour qu'à l'avenir et à perpétuité, sous les auspices d'un tel Père et fondateur, elle soit appelée de son nom : Pensionnat Saint-Jean-Baptiste de la Salle.

En souvenir de ces choses, nous avons pontificalement béni la statue de pierre du même saint, qui domine les cours de récréation. Enfin, en gage de la spéciale bienveillance dont nous nous plaisons à entourer les établissements des Frères, nous accordons quarante jours d'indulgence à tous et à chacun de ceux qui, en présence de ladite statue, réciteront trois fois avec dévotion, l'invocation :

Saint Jean-Baptiste de la Salle, priez pour nous.

Donné à Poitiers, sous notre seing, le sceau de nos armes et le contre seing du secrétaire de notre évêché, le 15 juin mil neuf cent deux.

† HENRI, év. de Poitiers.

Par mandement de S. G. Monseigneur l'Evêque,

O. PÉRET,

c. s.

Sceau de l'Evêché.

A la veille des jours si troublés survenus depuis lors, cet acte de foi présageait une vitalité toujours croissante du pensionnat Saint-Jean-Baptiste de la Salle. Hélas ! la voie douloureuse allait s'ouvrir, et c'est à l'histoire des jours malheureux qu'il faut désormais recourir. Trois étapes seulement, mais combien bien tristes, combien éloquentes !

La loi du 7 juillet 1904, portant suppression de l'enseignement congréganiste, venait d'être définitivement votée par un Parlement français ! L'heure avait sonné des avulsions déchirantes, car tout faisait prévoir une fermeture prochaine du pensionnat. Avec une hâte que les événements précipités ne rendaient que trop explicable, il fallut alors se défaire de tout le mobilier que ne réclamait pas impérieusement la marche de la maison. Riches ornements de la chapelle, meubles du réfectoire, modeste train de l'établissement, tout s'en alla donc acheté par des mains amies ou dispersé sous le marteau du commissaire priseur.

A l'encontre de toute prévision, Dieu permit un répit d'une année. La trêve, hélas ! devait être bien courte.

Dès la fin de novembre, un ordre préfectoral fermait la chapelle au public à partir du 1ᵉʳ décembre. Aussitôt connue à Poitiers, cette pénible nouvelle jeta la consternation au cœur des amis des Frères, et surtout chez les habitués, que chaque dimanche et le retour de nos solennités ramenaient aux offices si religieusement beaux du pensionnat. Aussi, le dimanche qui précéda la fatale échéance, à l'heure des vêpres, la pieuse enceinte se remplit d'une assistance plus nombreuse que jamais. Et Dieu sait pourtant quelles foules s'y pressèrent parfois !

Au premier rang des fidèles accourus, se tenaient M. Mérine, maire de Poitiers, avec bon nombre de MM. du conseil municipal. Il est impossible de nommer, même par une rapide mention, les personnalités venues de toutes les classes sociales, offrir aux chers Frères le respectueux témoignage de leur reconnaissance et de leurs regrets.

Les quelques paroles que, dans toute la douloureuse tristesse de mon âme, je dus, au nom des Frères, adresser à l'assemblée émue, pour la remercier de sa réconfortante sympathie, furent vraiment accueillies comme un encouragement à continuer, quoi qu'il arrive, l'œuvre à laquelle ils se sont toujours dévoués si généreusement !

Mais l'épreuve allait s'abattre plus terrible encore. Au moment où rien ne faisait prévoir semblable mesure, le coup fatal fut porté. Le 16 janvier 1905, un arrêté ministériel, notifié quelques jours après, sans plus tarder, fixait au 1ᵉʳ septembre prochain la fermeture du pensionnat et des trois autres établissements dirigés par les Frères, à Poitiers.

C'était l'agonie qui commençait, et certes, il faut avoir vécu ces jours pénibles pour soupçonner tout ce qu'ils renferment d'angoissant et de mortel. Il y a même des heures où l'on est tenté de demander à Dieu d'en accélérer le cours, tant parfois leurs poignantes amertumes apparaissent intolérables ! *Non mea voluntas, sed tua fiat* (1)...

---

(1) Ici, qu'il me soit permis de relater un événement dont je n'aurais pas le droit de parler, puisqu'il m'est personnel, s'il n'appartenait en quelque façon à l'histoire du pensionnat, et surtout s'il ne m'offrait une occasion nouvelle de manifester publiquement ma reconnaissance aux chers Frères.

Le 27 juin 1905 ramenait le 25ᵉ anniversaire de mon ordination sacerdotale. Alors que je m'étais bien promis — l'heure n'étant nulle part aux fêtes — de le passer dans le recueillement et le silence, le T. C. F. Directeur me supplia presque de consentir à faire de ce jour comme une trêve aux cruelles préoccupations qui pèsent si lourdement sur lui et sur ses dévoués collaborateurs. Pouvais-je me refuser à recevoir, et des maîtres vénérés, et des chers élèves, les témoignages d'une sympathie qui ne se démentit jamais, et qui, dans la circonstance, me devenait d'autant plus précieuse, qu'elle partait de cœurs brisés par l'épreuve, mais oubliant jusqu'à leur douleur pour me donner l'immense consolation de porter au saint autel ma jubilaire action de grâces, avec toute la pompe de nos solennités pieuses ?

CHAPITRE IV

QUELQUES FRÈRES.

D'une plume rapide, j'ai retracé ce qu'on pourrait appeler les actes publics de notre cher établissement. Combien de faits cependant, d'un ordre plus intime, sont restés dans l'ombre! Ainsi, je laisse à peine entrevoir l'organisation du service religieux, développant la vie chrétienne dans toute son intensité, par les pompes de la liturgie sacrée, de l'office vraiment paroissial, avec grand'messe, prône, vêpres et salut chaque dimanche ; station de carême ; mois de Marie ; retraites pascale et de commencement d'année ; catéchismes de première communion et cours supérieur d'instruction religieuse ; congrégations, conférence de Saint-Vincent de Paul, multiples exercices de piété, et par-dessus tout fréquente pratique des sacrements.

Je n'ai rien dit des séances récréatives, dont quelques-unes prennent parfois les proportions d'un événement, si bien que, malgré son ampleur, la salle des fêtes est impuissante à contenir l'affluence d'un public ami.

M'appartient-il même de rappeler que cette salle de l'*Impasse des Jacobins*, toujours mise à la disposition de qui se réclame du patronage des Frères, s'ouvre largement pour toute œuvre chrétienne, sociale ou simplement philanthropique ?

Mais l'ancien élève, en qui ces pages font revivre tant et de si heureux souvenirs, se sera sans doute étonné de n'y pas trouver la mention de tel ou tel professeur, par quelque endroit plus en vue, au nom, par cela même, plus populaire. Cette lacune, imposée par la nécessité de ne pas ralentir le récit des événements, je dois maintenant la combler.

Encore ici, cependant, je me vois obligé de me restreindre. D'un côté, les vivants ne me pardonneraient point d'entonner leur panégyrique, et, par ailleurs, c'est à de brèves notices nécrologiques qu'il me faut emprunter les quelques lignes destinées à ressusciter la mémoire des Frères disparus.

Frère Hunibert (1859-1885) [1].

Entré, à 16 ans, au noviciat de Clermont, le F. Hunibert passa presque toute sa vie religieuse à Tours, à Nantes et surtout à Poitiers.

Il aurait pu prendre pour devise le mot de nos saintes Lettres : « Seigneur, j'ai aimé le décor de votre maison », car pendant les vingt-six ans de son séjour, bien que chargé d'une classe intermédiaire, il se consacre tout entier au modeste office de sacristain. De concert avec un bon religieux, d'un ordre ami, il y déploie une ingéniosité remarquable. Non pas que ses conceptions aient toujours porté le sceau de l'esthétique la plus raffinée. Artiste à sa manière, il pensait que le luxe et la variété des décorations l'emportaient sur tout le reste. Mais la caractéristique du frère Hunibert fut de ne jamais se familiariser avec les choses saintes et de les traiter toujours avec le plus grand respect. Rien de ce qui concerne les cérémonies ne pouvait lui paraître petit. Et l'on s'en rend bien compte, si l'on se rappelle le soin qu'il

---

[1] Ces dates indiquent l'entrée au Pensionnat et le décès.

apportait à former des enfants de chœur sachant servir à l'autel avec la gravité de véritables lévites.

Cette vénération, d'ailleurs, pour les choses sacrées, il la manifesta d'une manière édifiante à l'heure de la mort. Déjà dans les affres de l'agonie, alors qu'agenouillée près de sa couche, la communauté récite les prières de la recommandation de l'âme, il voit, au moment suprême, le prêtre élever la main pour lui donner l'absolution, réunissant à grand'peine ses forces expirantes, il porte la main à son front et réussit à se découvrir, estimant que, même à cette heure, un sacrement ne doit se recevoir que nu-tête. Ce fut son dernier geste. Il était beau, digne de ses 48 ans de vie religieuse.

Frère Ardémius (1853-1888).

Lacordaire a dit en quelque endroit que la vieillesse et l'enfance se rencontrent en de mystérieuses affinités. Le F. Ardémius, ou, pour l'appeler du nom simplifié que lui donnaient ses élèves, le bon Frère Dimus, en fut la preuve vivante.

Au sortir du noviciat de Paris, à Saumur, à Tours, à Nantes, aux Sables-d'Olonne, partout il se conquiert l'affection des tout petits, et par là, l'estime reconnaissante des parents. Mais c'est à Poitiers surtout qu'il marcha dans sa voie.

Dominé par l'attrait rayonnant des jeunes âmes, il se dévoue à la classe de septième, et aucune considération ne pourra le décider à monter plus haut. Il le fallait voir au milieu de son cher peuple. Ses industries, naïves parfois, finissaient toujours par lui soumettre les volontés enfantines. De temps en temps il recourait à l'argument qui exerce une irrésistible séduction sur des écoliers de six ans, voire même plus âgés. Il avait la charge de la « bonbonnerie », — c'est, je crois, le terme consacré au négoce des douceurs ; — une dragée distribuée au moment psychologique, comme récompense ou comme encouragement, ne manquait jamais d'obtenir son effet victorieux. Aussi, après deux ou trois jours passés dans sa classe, ses petits élèves étaient si attachés à leur vénérable professeur qu'on se demandait par quels moyens il gagnait leur cœur.

Sans doute, il avait en partage cette douceur faite de bonté, qui, selon le mot du Christ, *possédera la terre*. Mais le grand secret du F. Dimus, c'était de savoir leur parler du bon Dieu, du petit Jésus et de la sainte Vierge, avec les accents de la foi vive et de la piété la plus ardente.

Il était beau vraiment à contempler, ce vieillard à l'attitude toujours si recueillie, récitant à deux chœurs la dizaine de chapelet quotidienne avec le jeune élève, quelquefois deux, qu'un lever plus matinal avait conduits à l'école dès sept heures et demie.

D'ailleurs, le chapelet était devenu son exercice de prédilection. Ils sont légendaires, les *Ave Maria* lentement égrenés à la chapelle, dans la solitude silencieuse du matin. Il appelait ainsi de ses vœux et de sa prière la glorification de Jean-Baptiste de la Salle. Et lorsque cette grande grâce eut comblé ses désirs et ses espérances, il attendit la mort avec cette confiance exaucée, qui lui faisait dire après la béatification : « Je crois que le bon Dieu et moi nous ne sommes pas mal ensemble. »

Comme il l'avait souhaité, la mort vint, le 19 mars 1888, en la fête de saint Joseph. Ses funérailles eurent lieu le surlendemain, quelques heures avant celles de Mgr Bellot des Minières. Il avait passé 58 ans dans l'Institut.

Frère Oswald (1853-1897).

Ainsi que saint Augustin, le Frère Oswald dut aux prières et à l'amour d'une sainte mère de choisir le service de Dieu. A 19 ans, à l'heure où le monde l'appelait, mettant au-dessus de tous les avantages offerts le salut de son âme, il vint frapper à la porte du noviciat de Lyon. A partir du moment où il en franchit le seuil jusqu'à sa dernière heure, les dispositions qui l'animaient alors ne le quittèrent jamais. De sorte que l'on a pu dire de sa longue vie religieuse de 62 ans, qu'elle fut un continuel noviciat.

Le temps de la probation terminé, le F. Oswald fut chargé d'une classe à Lyon. Trois ans plus tard, il partait pour Genève, au centre du calvinisme qui valut à cette ville son titre de Rome protestante. A cette époque, bien qu'officiellement tolérés, les catholiques étaient en butte à des vexations tracassières, auxquelles la police prêtait assez facilement les mains. L'hérétique intolérance s'en prenait jusqu'aux élèves des Frères, dont, à renfort de sergents de ville, on dispersait le cortège par les rues. Mais il est à remarquer que les libertés catholiques arrachées au sectarisme du Conseil fédéral coïncidèrent précisément avec l'entrée dans la vie publique des élèves des Frères. Nul doute que, personnellement heureux de souffrir pour la justice, le F. Oswald n'ait travaillé de tout son pouvoir à conquérir cette émancipation.

De Genève il passe à Monistrol, puis à Saint-Etienne, et, en 1853, il arrivait comme sous-directeur et procureur au Pensionnat qu'il ne devait pas quitter.

Ce qu'il fut à sa procure et dans les multiples relations qu'elle lui créa, le souvenir en demeure. Aussi, je ne crois rien exagérer en affirmant qu'il contribua largement à assurer l'estime dont le pensionnat jouit toujours à Poitiers.

L'aridité des chiffres et des livres de compte n'émoussait en rien ses qualités de cœur et d'intelligence. L'on peut dire qu'il fut le créateur de ces séances récréatives auxquelles le F. Baldomar devait donner tant d'éclat dans la suite. Mais il aimait surtout à se délasser dans la composition, paroles et musique, de cantiques et de chants pieux, que le talent de plus d'un maître n'aurait pas hésité à signer. C'était d'ailleurs une des formes par lesquelles il se plaisait à manifester sa vie religieuse.

D'une régularité qui le trouvait toujours le premier, quelles que fussent ses occupations, aux exercices de la communauté, il se préparait sans cesse à mourir par la pratique journalière du Rosaire et du Chemin de la Croix, et, dans les derniers temps, de la communion quotidienne. Aussi, le jour où une syncope inquiétante le terrassa dans une de ses courses en ville, il pouvait en toute sincérité dire au prêtre qu'un hasard providentiel avait amené près de lui : « Merci, Monsieur l'abbé, de m'avoir donné l'absolution ; mais quand même je ne l'aurais pas reçue, je suis toujours prêt à la mort. »

C'est pourquoi lorsqu'elle vint, foudroyante, elle n'était point imprévue : elle couronnait, au sortir de l'action de grâces de la communion reçue le matin même, 80 ans d'âge et 62 de vie religieuse.

Frère Célestianus (1848-1899).

Dans la personne du F. Célestianus, c'est la figure la plus populaire que l'on aime à saluer au pensionnat.

Fils de la loyale Vendée, il appartenait à la famille de ce Loyseau dont les historiens de la *Grande Guerre* ont raconté l'héroïsme, lorsqu'à la tête de dix frères d'armes, il reprit sur l'armée des Bleus la célèbre *Marie-Jeanne* (1) emmenée captive à Niort.

Issu de vaillante race, nourri de tels souvenirs, celui qui devait être le F. Célestianus portait en lui ce je ne sais quoi d'ardent que le sang des ancêtres, si largement versé lors des combats de géants, avait mis dans ses veines, et qui se traduisait par la brièveté de la parole et la vivacité des allures.

De telles natures, lorsqu'elles se tournent vers le bien, ne l'accomplissent pas à moitié. Aux jours sanglants de la Terreur, il eût fait le coup de feu sous l'égide de son valeureux oncle. Venu trop tard pour se battre à cause de sa foi religieuse et politique, il ambitionna de se dévouer jusqu'à la mort sur les champs de bataille plus pacifiques du sacerdoce.

Toutefois les responsabilités du prêtre lui firent peur ; il choisit donc les obligations également austères de la vie religieuse, et il vint se présenter au noviciat de Nantes en 1847 : il avait alors vingt-trois ans. L'année suivante, il commençait à Poitiers la noble carrière qu'il devait mettre plus d'un demi-siècle à parcourir.

Grâce à l'entrain d'un caractère franc comme l'or, à l'impartialité d'un esprit ami de la justice, il se vit bientôt entouré de l'affection respectueuse de ses élèves et de l'estime toujours grandissante des familles. Mais entre temps, il avait perdu son nom de religieux, et la voix publique, écho de celle des écoliers, l'appelait le *Frère Malice*. Pourquoi ce qualificatif ? Il est assez difficile de préciser. Peut-être son habileté à déjouer les ruses d'un âge fertile en espiègleries, peut-être la finesse native qui tenait sans cesse sa vigilance en éveil, lui valurent-elles

---

(1) Les Vendéens donnaient ce nom à une pièce de canon en laquelle ils voyaient un présage de victoire.

ce surnom. Toujours est-il — et l'inaltérable reconnaissance de nombreuses générations d'élèves en est la preuve — qu'il ne comportait aucunement la signification désavantageuse impliquée par ce vocable.

A peine à Poitiers, le F. Célestianus révéla ses aptitudes musicales et, sous sa direction, la musique du pensionnat remportait de haute lutte, dans les concours, les médailles trop modestement enfouies aujourd'hui dans les profondeurs de quelque vitrine fermée au public.

Mais l'agencement de tout ce qui concerne les services matériels de la maison constituait vraiment son domaine de prédilection. Ne calculant jamais avec le labeur ou la fatigue, là, il était chez lui.

Et maintenant, faut-il s'étonner qu'un tel ensemble de qualités exerçât une véritable séduction sur la jeunesse, et qu'il devînt pour les anciens élèves, mieux à même de l'apprécier, l'objet d'une sorte de culte spécial (le mot n'est pas de moi), dont les manifestations contribuèrent pour une large part au succès des réunions de l'Association amicale ?

Sous ce rapport, l'enthousiasme éclata lorsqu'en 1897, la Société d'encouragement au bien, section de Poitiers, décerna sa plus haute récompense au F. Célestianus, pour ses cinquante années de dévouement à la jeunesse poitevine. Ce fut un triomphe.

Mais lui, ne voyant en cette distinction, qui ne surprenait que le lauréat, qu'une occasion nouvelle de se faire tout à tous, avec une bonhomie touchante de candeur autant qu'exempte de vaine gloire, il se laissa modestement « triompher ».

Cependant, pour flatteuse et méritée qu'elle soit, la distinction qui arrive au soir de la vie entraîne après soi de graves avertissements. Presque au lendemain des fêtes, une maladie implacable vint les apporter. De longs mois, sa robuste nature lutta contre la paralysie. Mais, frappé à mort, le F. Célestianus succomba et s'endormit dans le Seigneur, à soixante-quinze ans, le 9 avril 1899. Ses funérailles, bien que célébrées pendant les vacances de Pâques, furent une vraie manifestation de la profonde sympathie dont toutes les classes de la société tinrent à lui apporter le dernier hommage.

J'ai fini. Néanmoins, en terminant ces simples biographies, je ne me suis pas seulement proposé, je dois le dire, de consacrer la mémoire de quelques Frères. J'ai cru qu'en livrant leurs œuvres au grand jour de la publicité, et surtout en constatant la longue durée du temps pendant lequel ils les accomplirent, j'établissais, mieux que par des paroles, les garanties que présente une telle stabilité d'éducateurs, vivant, travaillant et mourant sur le même sillon.

*
* *

Et maintenant qu'ajouterai-je à cette page d'histoire, qui ne soit dans la mémoire et dans les cœurs de tous ? Ah ! certes, si la louange ne devait paraître intéressée sur mes lèvres, ce serait avec fierté que j'acclamerais l'œuvre des chers Frères dans les austères labeurs de l'enseignement chrétien. Mais, outre que la discrétion m'impose le silence, cette œuvre s'étale au grand soleil de Dieu, toujours plus florissante, plus populaire et plus féconde. A vous donc, anciens élèves, que la Providence a conduits dans tous les chemins de la vie, à vous, quelle que soit la voie où vous marchez, clergé, magistrature, armée, commerce, industrie, agriculture, travail de l'artisan, à vous de parler à ma place, à vous d'agir désormais. D'ailleurs, paroles et actions resteront toujours au-dessous du bienfait reçu.

M. L'ABBÉ A. COLLON
Chanoine honoraire
Aumônier de 1885 à 1905

Cliché THIOLIER.

CHAPITRE V

LES AUMONIERS.

Ainsi qu'il a été dit plus haut, l'aumônerie fut d'abord desservie par des prêtres espagnols exilés à Poitiers. Mais l'accroissement continu du pensionnat nécessita promptement une organisation régulière qui eut lieu en 1842.

Voici les titulaires :

MM. 1° l'abbé Stanislas-Henri GEORGET, vicaire de Notre-Dame de Poitiers, depuis 1837. Nommé doyen de Vivonne en 1846, curé de Saint-André de Niort en 1849, il démissionna en 1851, et revint avec le titre de chanoine honoraire, à Poitiers, où il reprit les fonctions d'*aumônier* du pensionnat, jusqu'à sa mort survenue en 1853 ;

2° L'abbé Philippe-Gabriel BOUTINEAU : vicaire à Civray en 1847, à Notre-Dame de Niort en 1848, *aumônier* du pensionnat le 1ᵉʳ mars 1853, curé de Saint-Etienne de Niort, 30 août 1858, doyen de Champdeniers, 19 novembre 1874, mort en 1894 ;

3° S. G. Mgr Emmanuel DE BRIEY, vicaire de Notre-Dame de Poitiers le 21 août 1853, *aumônier* en 1858, chanoine honoraire en 1863, chanoine titulaire, 11 novembre 1864, évêque titulaire de Roséa et coadjuteur de Meaux avec future succession, 12 février 1880, évêque de Meaux, 30 août 1884 ;

4° L'abbé ALBAREL, vicaire de Notre-Dame de Niort en 1860, *aumônier*, 30 décembre 1864, démissionnaire en 1870, mort à Lyon vers 1890 ;

5º L'abbé Jean-Jules Pradal, professeur au séminaire de Montmorillon, vicaire de Saint-Porchaire de Poitiers, 20 décembre 1859, curé de Saint-Laon de Thouars, 23 juillet 1867, où il resta deux ans. Puis, après un assez long séjour à Rome, il fut nommé *aumônier* le 23 septembre 1870, chanoine honoraire en 1879, et démissionna en 1885. Retiré à Montmorillon dans sa famille, il passa les vingt dernières années dans une véritable agonie, et mourut pieusement le 2 juin dernier. *Cujus memoria in benedictione est.*

6º L'abbé Alphonse-Etienne Collon, vicaire de Saint-Aubin-de-Baubigné le 27 juin 1880, de Notre-Dame de Poitiers le 2 août 1884, *aumônier* le 28 juillet 1885, chanoine honoraire le 15 juillet 1900.

Bientôt les aumôniers titulaires ne suffirent plus à remplir un ministère que le nombre toujours croissant des élèves rendait de plus en plus chargé. Au temps où M. Pradal gérait l'aumônerie, des auxiliaires leur furent adjoints, dont voici les principaux :

L'abbé Léon Dorvau, directeur au grand séminaire, chanoine honoraire, mort l'an dernier, curé de Chanteloup (Deux-Sèvres);

L'abbé Louis Guinaudeau, actuellement curé de Saint-Maixent de Beugné ;

Le chanoine Eugène Rosière, du chapitre cathédral ;

L'abbé Boyer, aujourd'hui aumônier de Sainte-Croix et chanoine honoraire ;

Enfin M. l'abbé de Vareilles Sommières, vicaire général, qui depuis quinze ans se prodigue avec un dévouement vraiment sacerdotal à la direction spirituelle de nos chers élèves.

APPENDICE

Encore que cet appendice ne relève qu'indirectement de notre sujet, on ne lira pas sans un poignant intérêt le discours prononcé à la Chambre, le 3 mars 1904, par M. Lerolle, député de Paris, et qui aurait dû sauver les Frères, si le parti pris de détruire l'enseignement congréganiste n'avait étouffé cette parole magistrale, en même temps acte de justice et de reconnaissance nationales.

M. Paul Lerolle. — Je prends, parmi ces congrégations que certains d'entre vous ont déjà condamnées, la plus grande de toutes, celle qui a rendu des services de la façon la plus indéniable, celle qui, à cause de cela même, est peut-être plus visée que les autres par la loi de M. Combes : c'est le grand institut des Frères des Écoles chrétiennes. Je vous ai dit comment il avait été fondé. Lorsque le pape Benoît XIII lui donna l'institution canonique, il le chargea de « prévenir les discordes que produit surtout parmi les pauvres et les ouvriers l'ignorance, source de tous les maux ».

C'est donc pour faire la guerre à l'ignorance que les Frères ont été institués dans notre pays.

Comment ont-ils rempli cette belle mission ? Je ne veux pas ici me livrer à des comparaisons, que je trouve toujours oiseuses, entre l'enseignement libre et l'enseignement public, et qui ont, à mon avis, le défaut, quelle que soit l'impartialité voulue de l'orateur, de paraître toujours essayer de rabaisser les uns pour élever les autres. Il me suffira de dire que le Dictionnaire de pédagogie de M. Ferdinand Buisson leur rend hommage. Il constate que, alors que des concours avaient lieu entre les écoles catholiques dirigées par les Frères et les autres écoles communales, c'est-à-dire de 1848 à 1878, sur 1445 bourses mises au concours par la ville de Paris pour les écoles primaires d'enseignement supérieur, 1148, environ 80 p. 100, ont été données aux élèves des Frères. Et, depuis, le résultat des examens pour le certificat d'études permet d'affirmer que le niveau de leur enseignement primaire n'a pas baissé.

Et, s'il fallait confirmer encore leur mérite constant et leur succès, il me suffirait de rappeler qu'à l'Exposition universelle de 1900, le jury international leur a décerné 61 médailles, dont 4 grands prix et 14 médailles d'or.

Mais ce qui m'intéresse surtout, c'est moins de vous montrer ce que les Frères ont fait pour leurs élèves en particulier, que la façon dont ils ont servi la grande cause qui nous intéresse tous, celle de l'enseignement public en général. Avez-vous remarqué une petite phrase très courte qui se trouve dans le rapport de M. Buisson : « Ils ont quelquefois, dit-il, devancé même les programmes de l'Université. » C'est là le point que je voudrais mettre en lumière pour démontrer à tous la force d'initiative de ces religieux, que M. Gouzy déclarait constitutionnellement impropres à l'éducation.

Tous ceux qui connaissent un peu l'histoire de l'enseignement dans notre temps ont gardé le souvenir de la lutte, qui a été très longue, entre les partisans de ce qu'on a appelé l'enseignement simultané et ceux de l'enseignement mutuel. L'enseignement simultané, méthode des Frères et des Sœurs de Saint-Vincent-de-Paul, était donné par le maître lui-même directement à tous les élèves de la classe. Dans l'enseignement mutuel, au contraire, les élèves étaient divisés en petits groupes, chacun ayant à sa tête un moniteur qui apprenait à ses camarades ce que le maître lui avait à lui-même enseigné. On a appelé cela la méthode landcastrienne; elle nous venait en effet de l'étranger, et nous avons eu pour elle cet engouement que les Français ont souvent pour les choses qui leur viennent du dehors.

Pendant de longues années, l'Université a soutenu et pratiqué l'enseignement mutuel. Les Frères se sont toujours refusés à l'adopter, parce que, suivant eux, sans avantage pour l'instruction, il était déplorable au point de vue de l'éducation, en ce sens qu'il supprimait l'influence personnelle du maître, qui n'était plus guère que le surveillant du groupe enseigné par le moniteur.

Après de longues luttes, l'expérience a fini par donner raison aux Frères contre l'enseignement mutuel.

Guizot, Cousin, l'avaient condamné, et lorsqu'enfin il a disparu de nos écoles en 1882, lorsque l'enseignement simultané des Frères est devenu la méthode imposée par le gouvernement à toutes nos écoles publiques, M. Gréard, qui était alors directeur de l'enseignement, a rendu aux Frères un bel éloge en disant : « Que l'expérience séculaire lui avait appris la supériorité du système de l'enseignement simultané », introduit définitivement dans toutes les écoles publiques.

Et c'est ainsi qu'aujourd'hui les maîtres de l'enseignement officiel, sans le vouloir et sans le savoir peut-être, sont en fait les disciples directs de Jean-Baptiste de la Salle. (*Applaudissements à droite.*)

Je comprends alors cet éloge que je trouve dans le Dictionnaire de M. Buisson, où celui-ci revendique « Jean-Baptiste de la Salle comme une gloire française, à l'encontre des gloires étrangères qu'on voudrait nous imposer ». « Quand on s'enquiert de l'origine des écoles, ai-je pu y lire, ce n'est donc pas au delà du Rhin que l'érudition française doit diriger ses recherches : le réformateur de l'enseignement populaire en Autriche et en Prusse, Pelbiger, naquit trois ans après la mort de Jean-Baptiste de la Salle. »

Voilà, il me semble, un premier service indéniable, et qui mériterait quelque reconnaissance.

Pour les parties spéciales de l'enseignement, je trouve les mêmes initiatives, et de la part de M. Buisson les mêmes éloges. En 1873, il faisait un rapport sur les écoles de Frères.

Sur leurs livres de lecture il écrit : « Les livres du F. Marianus ont eu onze éditions ; ce n'est qu'un commencement ; des méthodes régénératrices de l'enseignement, comme celles-là, ne seront jamais assez répandues. » (*Applaudissements à droite.*)

Il a aussi jugé leurs méthodes d'enseignement de la géographie, et il les apprécie en ces termes : « Le Frère Alexis, à qui revient l'honneur d'avoir le premier su faire pénétrer dans l'école populaire tout un ensemble de procédés rigoureusement scientifiques... »

Pour le dessin, mêmes éloges : « C'est par la méthode simultanée que les Frères sont arrivés à élever le niveau de l'enseignement, à en régulariser la marche, à en faire profiter la masse et non pas seulement l'élite des élèves... »

Et à l'Exposition de 1900, l'inspecteur général, M. Leblanc, n'était pas moins élogieux.

Mais il y a des enfants qui, malheureusement, n'ont pas reçu à l'âge voulu l'enseignement, pauvres petits êtres que le travail a saisis prématurément ou que la maladie, quelquefois la misère, ont tenus éloignés de l'école. Il fallait que ces enfants pussent réparer le temps perdu et recevoir quelque part l'enseignement qu'on appelle l'enseignement des adultes.

Les Frères n'ont eu, pour donner cet enseignement, qu'à se souvenir de leur propre histoire. C'est, en effet, Jean-Baptiste de la Salle qui a été en 1709, ainsi que le constate M. Gréard, avec l'abbé de la Chétardie, curé de Saint-Sulpice, le promoteur de cet enseignement des adultes.

Voici donc déjà plusieurs points sur lesquels nous voyons les Frères donner à tous d'utiles leçons.

Et alors, me retournant dès maintenant vers leurs détracteurs, j'ai le droit de leur demander si ces « demi-suicidés » (1) ne conservent pas encore assez de vie en eux pour faire passer cette vitalité même chez leurs concurrents? (*Applaudissements à droite.*)

Mais il y a encore une lacune très grave constatée depuis longtemps dans l'enseignement en général.

Il n'y a pas d'intermédiaires entre les écoles primaires et les

---

(1) Cette expression est celle dont M. Buisson qualifiait, en son rapport, tous les membres des congrégations.

écoles classiques; et un grand nombre de gens qui veulent se vouer plus tard au commerce ou à l'industrie, parce qu'ils ne se sentent pas aptes à faire des études classiques, sont réduits, à leur grand détriment et au grand détriment de la chose publique, à accepter une instruction trop simple et trop élémentaire dans les petites écoles.

Les Frères sont résolus à combler cette lacune, et, là encore, ils n'ont qu'à reprendre les traditions de leur institut. En effet, dès 1705, Jean-Baptiste de la Salle fondait, lui aussi, près de Rouen, d'abord, l'école Saint-Yon; puis, à Paris, une école qu'on a appelée l'école des Irlandais, et où l'on donnait un véritable enseignement spécial. « On n'y enseignait pas, selon un tableau de Rouen de cette époque, les langues anciennes, mais tout ce qui concerne le commerce, les finances, le militaire, l'architecture et les mathématiques ».

L'utilité d'une pareille fondation est de suite appréciée dans toutes les grandes villes, et dès 1757, les échevins de Marseille adressent une requête pour que les Frères viennent dans leur ville établir aussi un pensionnat, afin que leurs enfants puissent « recevoir une éducation convenable et chrétienne et apprendre le commerce ».

« Voilà bien, dit encore M. Buisson, le point de départ de l'école primaire supérieure et le premier dessein de l'école secondaire spéciale. »

Douze de ces établissements existaient avant la Révolution. Presque dès leur rentrée en France, en 1805, les Frères fondent de nouveau les grands pensionnats de Toulouse et ensuite ceux de Rouen et de Béziers.

L'institution si connue de Passy date de 1837.

En ce moment, ils dirigent en France 32 pensionnats.

A côté s'élèvent d'autres écoles commerciales, soit des externats, dont l'école des Francs-Bourgeois, rivale en succès de Passy, est un des types les plus achevés, soit des classes annexées à leurs écoles primaires. Ces écoles sont au nombre de 82.

Que vaut cet enseignement et quels résultats pratiques donne-t-il?

Si nous prenons comme type, et cela parce que je suis Parisien, le pensionnat de Passy, je pourrais d'abord rappeler les succès constants des élèves des Frères à l'Ecole centrale, où ils ont compté des majors et des sous-majors. Sur 134 présentés en onze ans, 119 ont été admis à cette grande école.

Mais des succès d'examen pourraient être dus à des chances heureuses, ou simplement à de bonnes méthodes de préparation. Ce qu'il importe de savoir surtout, c'est si des écoles des Frères il est sorti des hommes vraiment utiles. Pour le savoir, j'ai interrogé l'association des anciens élèves de l'école de Passy ; et mon enquête m'a permis de savoir ce qu'étaient devenus non tous leurs élèves, mais 1444 membres de cette association.

Ceux-là sont entrés dans les carrières les plus diverses, et je pourrais citer entre autres sans risquer de le compromettre, puisqu'il est mort, un professeur que le pensionnat de Passy a donné à l'Ecole centrale elle-même. 1172 se sont voués spécialement au commerce et à l'industrie, dont 562 sont à la tête de maisons quelquefois très importantes ; j'en pourrais citer parmi les plus universellement connues de notre industrie et de notre commerce parisiens.

Leurs confrères les apprécient, puisque plusieurs d'entre eux ont été ou sont encore présidents de chambres syndicales ou juges au tribunal de commerce.

Je crois que vous tenez grand compte des décorations données par le gouvernement et que vous y voyez un signe de mérite. Sachez donc que, parmi ceux dont je parle, 95 anciens élèves de Passy sont décorés de divers ordres, dont 28 chevaliers et 8 officiers de la Légion d'honneur.

Ces distinctions honorifiques sont dues à leurs mérites professionnels et, à la dernière exposition, ils obtenaient, ce qui est intéressant à dire : 7 médailles d'argent, 4 médailles d'or, 5 grands prix. Huit des anciens élèves de Passy étaient hors concours ou membres du jury.

Des décorations leur ont été décernées, une de chevalier, une de commandeur du Mérite agricole, deux croix de chevalier et trois d'officier de la Légion d'honneur. Voilà comment le jury a apprécié les services rendus, je le répète, dans les carrières industrielles, par les anciens élèves de Passy. (*App'audissements à droite.*)

Dans une page de son rapport, M. Buisson semble dire que les congréganistes, pouvant faire des hommes du treizième siècle, sont incapables de faire des hommes du vingtième. Il me semble que les faits que je viens de citer contredisent une pareille assertion et me dispensent de la réfuter plus longuement.

Mais une véritable gloire était réservée aux pensionnats et aux écoles commerciales des Frères. Quand M. Duruy voulut fonder l'enseignement spécial secondaire pratique, il trouva autour de lui de grandes résistances. Pour dissiper ces résistances, il fit une enquête, et on se souvient encore à Passy des nombreuses visites qu'y firent alors trois inspecteurs généraux de l'enseignement, chargés d'étudier les méthodes des Frères et d'en constater les résultats.

M. Duruy lui-même s'y rendit le 18 mai 1864, et comme la commission parlementaire résistait encore, il lui fit visiter à elle-même ce magnifique établissement. Il semble que ce fut cette visite qui détermina sa décision. Aussi, à ces « ignorantins » qui ont été dans cette matière encore des modèles et des éducateurs, M. Duruy, dans le préambule du projet de loi, venu en discussion en 1867 devant le Corps législatif, ne craignait pas de rendre justice en ces termes : « C'est à l'abbé de la Salle que la France est redevable, sinon de l'idée, du moins de la mise en pratique et de la vulgarisation de cet enseignement... Bientôt de ce premier essai sortit un enseignement qui, s'il eût été généralisé, aurait devancé d'un siècle l'organisation des écoles d'adultes et même de l'enseignement secondaire spécial. » (*Applaudissements à droite.*)

Et ainsi s'affirme d'une façon bien nette l'importance pratique de la liberté d'enseignement. En toutes choses, qui n'a pas de comparaison à craindre, qui n'a pas de concurrence à subir, s'enlize facilement dans la routine. C'est l'émulation qui crée le progrès. En voyant ce que l'enseignement public doit au libre enseignement des Frères des Écoles chrétiennes, nous pouvons mesurer ce qu'il perdrait si jamais vous rétablissiez le monopole. (*Applaudissements à droite.*)

Mais les efforts des Frères grandissent avec leurs succès. Richelieu, dans son testament, a dit « qu'il fallait à un pays bien ordonné plus de maîtres ès métiers que de maîtres ès arts libéraux », les Frères veulent fournir au pays des hommes habiles dans l'agriculture et le commerce. Tout le monde connaît, au moins de réputation, la grande école agricole de Beauvais, fondée sous les auspices d'Alexis de Tocqueville ; elle a été louée dans tous les pays, récompensée dans tous les concours agricoles, elle est certainement une des gloires scolaires de notre pays. Et j'espère que parmi ceux qui défendent ici l'agriculture, quelqu'un se lèvera pour prendre la défense spéciale de cette grande institution que le gouvernement voudrait détruire et forcer à s'expatrier. (*Applaudissements à droite.*)

L'enseignement agricole de l'institut des Frères ne se borne pas à une seule école. Des cours d'agriculture pratique sont faits dans beaucoup d'écoles primaires, des classes spéciales annexées aux pensionnats, et, en outre, 12 établissements agricoles et horticoles ont été fondés, parmi lesquels le grand établissement d'Igny, dont le rapporteur de la Société nationale d'horticulture disait : « C'est aujourd'hui l'un des établissements que nous sommes les plus fiers de montrer. »

Même zèle et même succès pour les écoles professionnelles de l'industrie : qui ne connaît aussi la grande œuvre de Saint-Nicolas ? Elle eut pour berceau une bien humble et pauvre mansarde où un homme de bien, M. l'abbé Martin de Prévager, avait réuni sept petits enfants auxquels il apprenait, avec les éléments des lettres, les arts pratiques qui pouvaient leur permettre de gagner leur vie.

Un jour, M. le duc de Noailles entra dans cette mansarde pour faire admettre un huitième enfant. Tout était triste ce jour-là ; on n'avait pas de pain, et le boulanger refusait crédit. Le noble visiteur s'en émut ; il s'intéressa à l'œuvre, en comprit la grande portée, lui acquit d'autres concours, et de cette petite école de sept enfants est née la grande œuvre de Saint-Nicolas, qui apprend aujourd'hui les métiers manuels à plus de 3.000 enfants. L'instruction professionnelle pratique est donnée par des industriels, tandis que la surveillance, l'enseignement général sont confiés aux Frères. Là encore, on a trouvé pour l'enseignement public un modèle et des leçons. Je me rappelle très bien que lorsque j'étais au conseil municipal, quand nous avons fondé l'enseignement professionnel de la ville de Paris, on est allé demander aux Frères de Saint-Nicolas des leçons qui ont profité aux nouvelles fondations, et en 1897, l'Académie des sciences morales et politiques devant donner le prix Jules Audéoud à ceux qui ont travaillé à encourager les études, les travaux et les services relatifs à l'amélioration du sort des classes ouvrières, au premier rang des récompensés se trouvait l'œuvre de Saint-Nicolas, dont le rapport disait : « L'œuvre de Saint-Nicolas a été à Paris la première institution du travail manuel ; elle est restée un modèle de ces institutions. »

Actuellement, les Frères ont 48 écoles professionnelles en France. Une des plus connues est celle de Saint-Etienne, qui a fait l'objet d'un rapport spécial à l'Exposition universelle, où je lis que, sur 185 enfants sortis depuis 1884 de l'école, 43 étaient patrons, 70 contremaîtres, et les autres, dont on ne pouvait pas déterminer exactement la profession, étaient pour la moitié au moins des jeunes gens au-dessous de vingt ans. L'œuvre est si belle, et son utilité si unanimement reconnue, qu'un homme qu'on n'accusera pas d'être clérical, le docteur Gustave Lebon, directeur de la Bibliothèque de philosophie scientifique, après avoir constaté le développement que les Frères ont su donner à leurs établissements agricoles et industriels, rendant ainsi d'immenses services dont on ne saurait être trop reconnaissant, ajoute :

« La première chose à faire avec eux serait d'étudier leurs méthodes. Nous sommes libres d'avoir, au point de vue religieux, des opinions différentes des leurs; mais nous devons tâcher d'acquérir assez d'indépendance d'esprit pour reconnaître leur supériorité, surtout quand elle est si manifestement écrasante. » (*Applaudissements à droite et au centre.*)

Voilà leur œuvre en France. Il semble qu'ils auraient pu se borner là sans avoir rien à se reprocher. Mais c'est la charité qui les guide, et, pour la charité, l'heure du repos ne peut pas sonner tant qu'il reste quelque part quelque bien à faire. (*Très bien ! très bien ! sur les mêmes bancs.*)

Suivons-les donc hors de France, à l'étranger et aux colonies ; là nous retrouvons le même dévouement. Ils sont partout. A l'Exposition universelle, nous les voyons figurer non seulement en Autriche et en Espagne, mais en Bulgarie, en Turquie, en Egypte, en Syrie, en Arménie, en Cochinchine, au Tonkin, à Ceylan, au Canada, dans la République Argentine. Les Etats-Unis tout particulièrement les connaissent et les honorent. Ils y ont de magnifiques établissements, remplis d'élèves.

Et j'imagine que la grande République américaine, pour qui le mot de liberté n'est pas encore devenu une hypocrisie, s'étonnera le jour où elle apprendra que la République française a chassé les Frères qu'elle nous envie et qu'elle appelle.

Partout où l'étranger les voit, il leur rend justice. Lors de l'Exposition pédagogique de Londres, en 1884, le journal protestant *l'Education* les appréciait ainsi :

« Les Frères, depuis le temps de leur fondateur, ont vécu non dans le désir de gagner de l'argent et d'obtenir de gros bénéfices, mais dans le pur amour du travail.

« Des hommes qui vivent dans cet esprit inventent ou adoptent les meilleures méthodes. Y a-t-il des défauts à leur cuirasse ? Va-t-on découvrir cette tare, que tout bon protestant aperçoit toujours aux ordres religieux ? Tout ce que nous pouvons dire, c'est que nous n'avons pas réussi à la découvrir. »

Le même succès s'affirme presque dans les mêmes termes à l'Exposition de Chicago.

« L'Exposition scolaire catholique fait l'admiration et l'étonnement de tous ceux qui la visitent », et M. John Eaton, commissaire au bureau d'éducation des Etats-Unis, rend ce témoignage : « Incontestablement l'Exposition scolaire catholique est une merveille et il n'y en a aucune jusqu'à ce jour qui l'ait dépassée dans ses résultats. » (*Applaudissements à droite et sur plusieurs bancs au centre.*)

En voyant ce qui se prépare ici, en entendant ce témoignage rendu par ces étrangers qui ne sont pas des catholiques, je me rappelle cette parole de M. Cousin, revenant en France de la

Hollande où il avait entendu faire le même éloge des Frères et disant : « Il est assez curieux d'entendre là-bas un ministre protestant, un quaker et un philosophe s'accordant à faire l'éloge de ces pauvres Frères qui font tant de bien et qu'un fanatisme d'un nouveau genre essaie en vain de flétrir. » (*Applaudissements sur les mêmes bancs.*)

Les services rendus dans les colonies ne sont pas moins bien appréciés. Les hommes les plus divers, parmi les vivants : M. de Freycinet, M. Goblet, M. Constans ; et parmi ceux qui ne sont plus : le président Félix Faure, Gambetta et d'autres leur rendent hommage. A Madagascar, M. le général Galliéni, considérant que « l'administration locale a le devoir de récompenser leur dévouement et d'encourager leurs efforts qui ont pour but de favoriser le développement de l'influence française dans notre nouvelle possession », dit qu'il y a lieu à les aider à ouvrir à Tananarive cinq autres écoles.

Voilà des témoignages probants, et, en présence de tous ces faits, quand ils peuvent se présenter ici avec ce cortège de bonnes œuvres dont l'utilité n'est contestée par personne, les Frères de nos écoles ne peuvent-ils pas vous dire, eux aussi : « Pour laquelle de ces œuvres allez-vous nous frapper ? » (*Applaudissements à droite.*) Il faudrait enfin donner une raison sérieuse de cet ostracisme dont vous voulez les rendre victimes. Que leur reprochez-vous ? Ce sont des catholiques ; mais il n'est pas encore défendu d'être catholique en France.

Leur œuvre est éminemment démocratique ; ils sont pour la plupart nés du peuple et ils sont tous restés volontairement les frères de ce peuple qu'ils enseignent. Ils ont pour garants devant vous ces légions d'hommes qui attendent avec anxiété votre décision et témoignent que c'est aux Frères qu'ils doivent la dignité et la prospérité de leur vie. Si votre démocratie n'est pas seulement le nivellement de tous dans l'abaissement de tout ce qui est grand, mais, au contraire, l'ascension de tous par l'élévation à leur plus haute puissance des qualités du cœur et de l'esprit, je dis qu'aucune œuvre n'a mieux que celle-ci servi la démocratie française. (*Applaudissements à droite.*)

Mais peut-on leur reprocher même de manquer au respect

des lois, à ce loyalisme vis-à-vis des institutions du pays auquel vous tenez ? Les faits répondent encore pour eux. Leur cours de morale civique a été approuvé par Jules Ferry lui-même et autorisé pour être donné dans les écoles publiques.

M. Ferdinand Buisson, dans le rapport même qu'il a rédigé sur le projet de loi en discussion, au moment où il vous demande d'exproprier les Frères de leurs établissements, ne craint pas de leur rendre, à ce point de vue aussi, un témoignage singulièrement important.

« Ils ont, dit-il, pris quelque chose de l'esprit universitaire qui n'est pas sans parenté avec celui de l'homme admirable qui fut leur fondateur... Ce sont encore plus des primaires que des moines... L'institut des Frères n'a jamais donné prise au reproche d'insubordination, de révolte ou de fanatisme. »

Que leur demande-t-on de plus ? Le patriotisme ?

Le patriotisme des Frères est tout naturel. Leur ordre a germé sur notre sol, tous ces hommes sont des Français de vieille race. Et, permettez-moi d'évoquer un souvenir, moi qui ai vu à Paris les jours sombres de 1870, permettez-moi de rappeler avec quel respect dans l'année terrible, dans nos rues, sur nos champs de bataille, tout le monde s'inclinait devant la robe noire des Frères, ces héroïques brancardiers, à qui l'Académie française donna la récompense offerte par la ville de Boston à ceux qui, pendant le siège, avaient montré le plus beau dévouement. (*Applaudissements au centre et à droite.*)

Ces Frères ne se doutaient pas, quand ils étaient acclamés, alors que leur supérieur était conduit au tombeau, au milieu d'un cortège de Parisiens et de Français reconnaissants, qu'un jour viendrait où ils seraient menacés d'être proscrits de leur propre pays.

L'amour du pays, ils l'ont montré partout, et tous ceux dont je vous parlais tout à l'heure leur rendaient le même témoignage, faisant écho à Gambetta qui les remerciait un jour « de faire aimer partout la France ». (*Applaudissements au centre et à droite.*)

Aujourd'hui, ces Frères ont en France et dans le monde entier plus de 2.000 maisons. Allez-vous, après tant de services rendus, ingrats non seulement à ce qu'ils ont fait pour les enfants de leurs écoles, ce qui devrait pourtant vous préoccuper, mais ingrats aussi à ce qu'ils ont fait pour la cause de l'enseignement public et pour la patrie, allez-vous les frapper? J'espère qu'il y en a parmi vous chez qui l'esprit de parti n'étouffera pas la voix de la conscience. C'est à ceux-là que je parle; je leur demande d'épargner ces hommes de grand dévouement. Mais, si vous êtes décidés à les frapper quand même, saluez au moins ces bons serviteurs et ces bonnes servantes des familles populaires ; saluez-les parce qu'ils sont parmi nous une liberté qui va mourir; et, comme le disait un jour M. le bâtonnier Rousse : « Rangez-vous et saluez, rangez-vous, vous qui vous vantez d'aimer le peuple, car c'est le peuple qui passe ! Peuple d'autrefois par le costume et la croyance, peuple d'aujourd'hui par le savoir, par les lumières et par l'amour de l'humanité. » (*Vifs applaudissements à droite et au centre.*)

Devant tant d'œuvres d'une utilité incontestée, devant tant de dévouements, encore une fois, je vous pose ma question ; Pourquoi détruire tout cela ?

M. Buisson a essayé d'en donner les raisons; il n'a pu réussir. D'ailleurs toutes ses raisons il les avait contredites d'un seul mot, quand il a appelé Jean-Baptiste de la Salle l'admirable fondateur des Frères. Or, si l'œuvre fondée par lui n'a eu d'autres résultats que de faire des demi-suicidés, des maîtres et des élèves anémiés, sans valeur d'activité dans le siècle où ils vivent, en quoi donc est-il admirable? Si, au contraire, vous l'admirez sincèrement, — et je sais que votre admiration est vraie, — c'est que l'œuvre est bonne; alors, pourquoi voulez-vous la tuer ?.....

JOURNAL OFFICIEL, *Chambre des députés, débats parlementaires*, session ordinaire 1904, p. 553 et suiv.

ÉPILOGUE

Sera fermé, dans un délai qui expirera le 1er septembre 1905, l'établissement congréganiste ci-après désigné, situé dans le département de la Vienne :

Etablissement des Frères des Ecoles chrétiennes de Paris, situé à Poitiers, rue du Pont-Neuf.

(Extrait de l'arrêté pris par M. Combes, président du Conseil, démissionnaire, en date du 16 janvier 1905, et notifié le 13 février.)

Documents manquants (pages, cahiers...)
NF Z 43-120-13

www.ingramcontent.com/pod-product-compliance
Lightning Source LLC
LaVergne TN
LVHW020959090426
835512LV00009B/1965